もっと！ 字幕なしで
韓国ドラマが
見られるようになる本

宍戸奈美
NAMI SHISHIDO

コスミック出版

はじめに

この本を手にとっていただきありがとうございます。

今年も沢山の韓国ドラマが話題になり、ますます韓国語への勉強の意欲が湧いたことかと思います。

韓国ドラマは、やっぱり見ていて飽きないですよね。

前回出版した書籍『字幕なしで韓国ドラマが見られるようになる本』（コスミック出版）は、そんなドラマを使ったフレーズを集めた単語集としました。
こんなフレーズあったな、この単語どこかで聞いたことあるな、と思い出しながら読んでいただけましたでしょっか！

今回の本は、ドラマ頻出の単語から、それを使ったドラマのセリフを紹介した前作と違い、セリフから生きた韓国語の表現や単語をピックアップ！　また、文法も一緒に覚えられる構成となっています。

内容を楽しむことと同時に、そこで使われている表現や単語に注目し、時制や文法を意識することで今までの韓国語力に変化が見えてくるはず。
音で聞いて、とにかくセリフの意味を理解しようという前作から、さらに詳しく、深く韓国語が理解できる一冊となりました。

勉強のやる気が無いときでもドラマを見るのは止まらない！
そんな方にもおすすめの一冊です。

多読多聴と同じように、多観をしながら楽しく単語や文法を覚えていきましょう！

韓国ドラマのセリフで覚えることにより、新しい考え方、流行りの表現に出会えるはずです！

是非、自分の好きな章から読んでみてください。

宍戸　奈美

HOW TO USE
この本の使い方

本書は、みなさんが"聴き覚えがある"韓国ドラマのセリフの「どの音」が「どの意味」なのか紐解く第1章〜第5章と、話題のドラマの名シーンをなぞりながら韓国語を学べる第6章とに分かれています。目的に応じて、楽しく活用してください。

韓国ドラマに登場した単語・文法を1000語収録！

1

印象深い韓国ドラマのセリフの、「どの音」が「日本語でどの意味」なのかをわかりやすく解説。「音」と「意味」が合致すれば、実際の韓国語会話もスラスラできちゃう！？ 章ごとに基本編、お仕事ドラマ編、恋愛ドラマ編、学園ドラマ編、スラング編と分かれているので、気になるジャンルの章から学ぶもよし、基本編から全部学んじゃうもよし！

出典
名作ドラマから記憶に残るセリフを厳選。セリフごとに、言った人物名と話数も掲載しています。

例文
実際のドラマに登場したセリフです。セリフ中の番号は、下に掲載の解説番号と対応しています。

例文の意味
実際のドラマに登場したセリフの日本語での意味です。

単語 or 文法
セリフ中に登場する単語 or 文法を掲載しています。文法には⊗がついています。巻末のINDEXからカタカナ読みで引くこともでき、左上の番号は、上に掲載のセリフ中の番号と対応しています。

単語 or 文法の意味
単語 or 文法の日本語での意味です。

2 珠玉の名シーンで学ぶ韓国語会話 22選

『ウ・ヨンウ弁護士は天才肌』『イカゲーム』『愛の不時着』など、記憶に残る名作ドラマから学べる韓国語を22シーン収録。韓国語本来の意味がわかってから見る名シーンは、感動もひとしお！

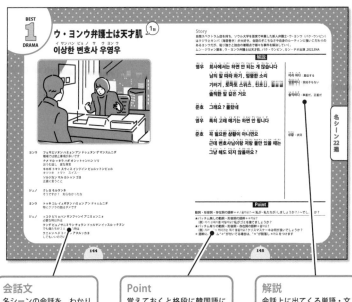

名シーン22選

会話文
名シーンの会話を、わかりやすくカタカナに！

Point
覚えておくと格段に韓国語に強くなる！ひとくちPoint

解説
会話上に出てくる単語・文法を解説！

3 韓ドラ"あるある"の疑問を解説！ 韓国の独自文化

コラムでは、韓国ドラマではあるある！？でも、日本とは異なるのでイマイチ理解ができない韓国独自文化をたっぷり解説！

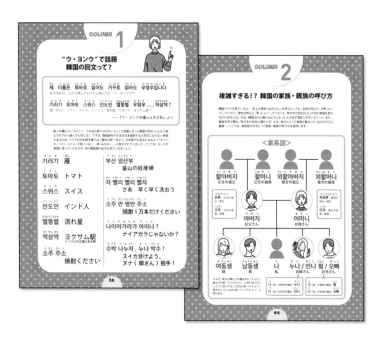

カタカナで引けるINDEX付き！

ハングルや、日本語訳がわからなくても大丈夫！韓国ドラマで気になるセリフがあったら、巻末のカタカナで引けるINDEXで、聴こえた音に近いものを探してみてください。きっと、聴いたことがある＆意味が気になっていたあの「音」が見つかるはず。

> オッチョラゴ？

> チェバル…

INDEXは50音順に並んでいます。また、INDEX上では、単語の先頭の濃音（「ッ」から始まる）は取り、「ッ」の次の音を基準に掲載しています。
例）「ッカムッチャギヤ（깜짝이야）」を調べたい場合は、INDEX上は「カ」行を参照してください。

CONTENTS

COLUMN

第 1 章

クロム スゴハセヨ
それでは、お疲れ様でした

基本編

ジャンル問わずあらゆるドラマに出てくる
基本の韓国語フレーズ

私の解放日誌

어떻게 나한테 이래, 어떻게 나한테 이래?

オットケ ナ ハンテ イレ　オットケ ナ ハンテ イレ

どうして私にこんなことするの？　こんなことができるのよ！？

어떻게 나한테 이래?

オットケ ナ ハンテ イレ

どうして私にこんなことするの？（こんなことができるの!?）

韓国ドラマではよく主人公が苦境に陥り人に対して憤りを感じたり怒りを覚えたりするシーンが多いです。そんな苦難から抜け出そうとする主人公には、女性が多いのもうれしいですよね

ウ・ヨンウ弁護士は天才肌

괜찮으세요? 헤드셋 씌워 드릴까요?

クェンチャ ヌ セ ヨ　ヘ ドゥ セッ ッスィ ウオ ドゥ リル ッカ ヨ

大丈夫でしょうか？ヘッドセットをかぶせますか？

괜찮으세요?

クェンチャ ヌ セ ヨ

大丈夫でしょうか？

괜찮아요（クェンチャナヨ）？よりも丁寧な表現になります。「大丈夫でしょうか」と人を気遣う表現は、必ず覚えておきたいですよね

気象庁の人々

과장님이 왜... - 네가 왜 여기 있어?

クゥ ジャン ニ ミ ウェ　ネ ガ ウェ ヨ ギ イッソ

課長がなぜ　-君がなんでここにいるの？

네가 왜 여기

ネ ガ ウェ ヨ ギ

君がなんでここに？

ある日、偶然出会ってしまった二人…そんなとき、即座に出てくるフレーズ。네（ネ）「君」は場合によっては내（ネ）「私」と区別するために니（ニ）「君」と発音されることもあります

キム秘書はいったい、なぜ？ 2話

그동안 고마웠어, 이건 진심이야
クドンアン コマウォッソ イゴン チンシミヤ

今までありがとう。これは本心

진심이야
チンシミヤ

本心だよ

偽りのない、真実であるということを強調したい
ときに使われます

その年、私たちは 13話

많이 먹어 '아～' 맛있어？
マニモゴ ノ テ ブッソヤ

たくさん食べてね　あ～ん　美味しい？

많이 먹어
マニ モゴ

たくさん食べてね

しっかりとご飯を食べてほしい、たくさん食べて
健康でいてほしい。そんな思いから出るフレーズ。
食事シーンではよく出てきます

愛の不時着 2話

지금 뭐 하시는 겁니까? 제 약혼녀에게
チグム ムォ ハ シヌン ゴムニッカ チェ ヤ コンニョエ ゲ

今何をなさってるのですか？私の婚約者に

뭐 하시는 겁니까?
ムォ ハ シヌン ゴムニッカ

今何をなさってるのですか？

登場人物の行動に驚きを隠せず、何をしているのか
と聞く文ですが、あまりよろしくないことに対し
何のマネをしているのか聞くシチュエーションが
多いです

基本編

13

その年、私たちは

アイゴ　シルス　チョギ　モルリ　クルロガッタ　オルルン　チュウォ

아이고 실수 . 저기 멀리 굴러갔다 얼른 주워

あらま、ミス。あっち、遠くの方に転がっていったから早く拾いな

アイゴ

아이고

あ〜 / まあ / うわ〜

驚いたとき、あきれたとき、気の毒に思ったときなど様々な場面で使われる感嘆詞です

イカゲーム

アプロ　カラゴ　　ミチョッソ

앞으로 가라고 ? 미쳤어 !

前に行けって？頭狂ってるの？

ミ　チョッソ

미쳤어 ?

正気なの？ / イカレたの？

相手が理解しがたい行動をしたときに出るフレーズ。直訳は「狂った」と相手の人格を否定するような表現ですが、今ではバラエティーでもよく耳にします。場面によって意味が変わるので、使いこなすのが難しいかも。ドラマでは「ヤバい」という意味でよく出てきます

梨泰院クラス

ム　スン　ニ　リ　ヤ　　　　　　イルタン　ットゥィ　オ

무슨 일이야 ? - 일단 뛰어 !

何が起こってるの？ - 一旦、走れ

ットゥィ　オ

뛰어 !

走れ！

誰かが追ってきたとき、何が起こってるのか説明なんてしていられない。とりあえず走れ！という場面でのフレーズ。全く関係ない出来事に巻き込まれる側と巻き込む側の関係が熱くなるパターンがありますよね

SKYキャッスル
14話

몰라서 물어? 몰라서 묻냐고!
モルラソ ムロ　モルラソ ムンニャゴ

知ってて（わかってて）聞いてるの？知ってて聞いてるのか！

몰라서 물어?
モルラソ ムロ

知ってて（わかってて）聞いてるの？

本当に知らないのかどうかというよりは、知ってるくせにわざわざ聞かないでよというニュアンスが含まれています

キム秘書はいったい、なぜ？
9話

죄송해요, 화나시는 마음 이해해요
チュェソン ヘ ヨ　ノラナ シメン マ ウム イ ヘ ヘ ヨ

すいません。怒る気持ちは理解します

죄송해요
チュェ ソン ヘ ヨ

ごめんなさい／すみません

「罪」を示す죄（チュエ）という単語が含まれてるので미안해요（ミアネヨ）よりも申し訳なさが強い表現になります

梨泰院クラス
3話

저기요, 제정신이에요
チョ ギ ヨ　チェ ジョンシニ エ ヨ

あの、正気ですか？

제정신이에요
チェ ジョンシ ニ エ ヨ

正気ですか？

정신（チョンシン）は「精神」、제（チェ）は「まともな／本来の」という意味。おかしな言動をする人に対して「正気なの？」「気は確か？」と苦言するニュアンスで使います

基本編

イカゲーム

ネ ガ ミ ア ネ ネ ガ ト チャ ラ ル ケ
내가 미안해 내가 더 잘할게
本当にごめん。私がもっと頑張るから

ミ ア ネ
미안해
ごめんね

미안 (ミアン) < 미안해 (ミアネ) < 미안해요 (ミアネヨ) < 미안합니다 (ミアナムニダ) < 죄송해요 (チュエソンヘヨ) < 죄송합니다 (チュエソンハムニダ) の順で丁寧な表現になります

ロマンスは別冊付録 14話

オッ ト ケ ヌ ジョッ ソ ア マッ タ ク マン トゥオッ チ
어떡해 , 늦었어 . 아 , 맞다 그만 뒀지
どうしよう、遅れた。あ、そうだ。(仕事) 辞めたんだ

オッ ト ケ
어떡해
どうしよう

韓国語ドラマを見てると必ず耳にするはず！
パニック状態や焦ったときにでるフレーズです

シスターズ 5話

オン ニ ク ナム ジャ チョ ア ヘ ム スン ソ リ ヤ
언니 그 남자 좋아해 ? - 무슨 소리야
お姉ちゃん、あの人好きなの？ - 何言ってるの？

ム スン ソ リ ヤ
무슨 소리야
何言ってるの？ / どういうこと？

相手の言っていることが理解できなかったり、相手の言ったことに反発するときに使われる表現です

キム秘書はいったい、なぜ？　(3話)

어머！나 지금 누구 생각한 거야？
（オモ　ナ　チグム　ヌグ　センガカン　ゴヤ）

あら！私今誰のこと考えてたの？

어머！
（オモ）

あらまぁ / まぁ

> 驚いたときにとっさに出る感嘆詞で、主に女性がよく言う表現です。感動したり可愛いものを見たりしたときにも使えます

39歳　(1話)

네가 배우 못하고 연기 선생하고 있는 거 열 받아
（ネガ　ペウ　モタコ　ヨンギ　ソンセンハゴ　インヌン　ゴ　ヨル　パダ）

あなたが俳優でなく、演技の先生をしていることが頭にくる

열 받아
（ヨル　パダ）

頭にくる / ムカつく

> 열（ヨル）「熱」と받다（パッタ）「受ける」で「熱を受ける（熱くなる）」つまり「頭にくる」という意味になります

田舎街ダイアリーズ　(11話)

감사합니다 이모
（カム　サ　ハム　ニ　ダ　イモ）

ありがとうございます。おばさん

이모
（イモ）

おばさん / 母方のおば

> 食堂や屋台などで年配の店員さんを呼ぶときなどに使われ、お店の方と一気に距離を縮めることができます。아줌마（アジュンマ）もありますが이모（イモ）と呼んだ方が親近感があります

基本編

ロマンスは別冊付録 （4話）

ナ　モンジョ　カンダ　　　　　　カチカ　　クニャン　ネ　チャロ
나 먼저 간다. - 같이 가, 그냥 내 차로...
私先に行くね。- 一緒に行こう。普通に僕の車で

カンダ
간다
行くね

友達と別れ「じゃもう私行くね」というときに한다（ハンダ）体が使われることがあります。한다体にすることで相手に自分の意志を明らかにしたり、断言するようなニュアンスが含まれます

社内お見合い （8話）

チャムッカンマン　ニョ　　　　ハル　イェギ　ガ　イッソ　ヨ
잠깐만요, 할 얘기가 있어요
ちょっと待ってください。話があります

チャムッカンマン　ニョ
잠깐만요
ちょっと待ってください

こちらは丁寧な言い方です。最後の요（ヨ）をとって잠깐만（チャムッカンマン）というタメ口で使うことも多いので覚えておきましょう

よくおごってくれる綺麗なお姉さん （6話）

チン　ッチャ　チョン　マル　ッチャジュン　ナ　　　チン　ッチャ
진짜 정말 짜증 나, 진짜
本当にムカつく、本当

ッチャジュン　ナ
짜증 나
イライラする / ムカつく

直訳は「癇癪出る／嫌気生じる」。物事がうまくいかなかったりストレスがたまったとき、不満な部分があったことへの怒りや感情を表すときによく出てくるフレーズです

イカゲーム 7話

ウェンッチョ ギ ヤ　ウェンッチョ ギ ラ ゴ　チョン シン　チャ リョ
왼쪽이야, 왼쪽이라고 정신 차려
左側だよ、左側だってば。しっかりして

チョン シン　チャ リョ
정신 차려
しっかりして

直訳は「精神を整えて」。意識を取り戻したり、本来あるべき姿に戻ることを言い、命令文にすることでボーッとしてる人や精神状態が不安定になっている人を叱咤する表現になります

シスターズ 3話

ヤ　マ ルル　ア ラ　ドゥッケ　ヘ
야, 말을 알아 듣게 해
ねえ、分かるようにちゃんと言って

ヤ
야
ちょっと！ / おい！

「야!!」と強く発音し、同等もしくは年下の相手を呼び止めたり、叱るときによく使われます

トッケビ 2話

テ バッ　ア ジョッシ　イ ロン　ヌンニョク ド　イッソッッソ ヨ
대박 아저씨 이런 능력도 있었어요?
すごい、おじさんこんな能力もあったの？

ア ジョッシ
아저씨
おじさん

아저씨はいろんな場面で聞いたことがあるかと思います。대박 (テバッ) は若者の間で「ヤバい」という意味で使われるスラングです

基本編

梨泰院クラス

ウェ グ レ ヨ　ム ス ニ リ イッ ソ
왜 그래요? 무슨 일 있어?
どうしたの？何かあったの？

ウェ グ レ ヨ
왜 그래요?
どうしたの？

相手の様子がいつもと違う、おかしいと思ったときに使われる表現でタメ口は왜 그래（ウェグレ）？となります

イカゲーム

チャ レッ ソ　チャ レッ ソ　チャ レッ ソ　チャ レッ ソ
잘했어! 잘했어, 잘했어, 잘했어
よくやった、よくできたね

チャ レッ ソ
잘했어
よくやった / よくできたね

ある事を頑張ってやったり、成し遂げたりしたときに褒める言葉としてよく使われる表現です。丁寧に言いたいときは잘했어요（チャレッソヨ）となります

海街チャチャチャ

ッカムッチャ ギ ヤ　タ ルン　サ ラ ミン チュル
깜짝이야, 다른 사람인 줄...
ビックリした、ほかの人かと

ッカムッチャ ギ ヤ
깜짝이야
ビックリした

驚いたときに最初に出てくる一声。無意識に口から出てきたらすごいです！

シスターズ

3話

チャン ブ ヌン　コ ギ　トゥ ロッ ソ ヨ
장부는 거기 들었어요? - 어떻게 알았어요?

オッ ト ケ　ア ラッ ソ ヨ ?

帳簿はそこに入ってるの? - どうしてわかったの?

オッ ト ケ　ア ラッ ソ ヨ
어떻게 알았어요?

どうしてわかったの?

어떻게は「どうやって/どのようにして」。隠していたことがバレたとき、相手に言っていない真実を相手がすでに知っていたときにでてくる表現です

トッケビ

15話

チャル　チ ネッ ソ ヨ
잘 지냈어요? - 혹시 저 따라오신 거예요?

ホク シ　チョ ッ タ ラ オ シン　ゴ イェ ヨ

元気でしたか? - もしかして私のあとをついてきたんですか?

チャル　チ ネッ ソ ヨ
잘 지냈어요?

元気でしたか?

久しぶりに再会するときによく使われる挨拶。親しい仲であれば、잘 지냈어 (チャルチネッソ)? とラフに使うこともできます

キム秘書はいったい、なぜ?

3話

ナ　チ グム ヌ グ　センガ カン　ゴ ヤ
나 지금 누구 생각한 거야? 미쳤나 봐, 나

ミ チョ ナ ブヮ　ナ

私今誰の事考えてるの?おかしくなったみたい 私

ミ チョ ナ　ブヮ　ナ
미쳤나 봐, 나

どうかしたみたい私 / 狂ったみたい私

「私ったらどうしたんだろ」。自分自身の考えや行動が後になりおかしく思えちゃう…そんなときにでるフレーズ。미쳤어 (ミチョッソ)? と同じように、相手の言動などに対して미쳤나 봐を使うこともあります

21

基本編

39歳 ⟨12話⟩

イッチャナ　ナ　ヌン　ネ　ガ　ノルル　イ　ロ　ケ　チ　ネ　ハ　ヌン　ジュル　モル　ラッ　ソ

있잖아, 나는 내가 너를…이렇게 친애하는 줄 몰랐어

あのね、私あなたを…こんなに親愛するとは思わなかった。

イッチャナ

있잖아
ねえねえ / あのさ

「あるじゃん」ではなく、話を切り出すときなどの「ねえねえ」や「あのさぁ」のように使われ、目上の人には있잖아요（イッチャナヨ）「あのですね …」を使います

イカゲーム ⟨6話⟩

ホル　ス　ヌン　イル　サム　オ　ッチャクッス　ヌン　イ　サ　ユク　ア　ラ　ドゥ　ロ

홀수는 1, 3, 5 짝수는 2, 4, 6 알아들어?

奇数は1、3、5　偶数は2、4、6　わかる？

ア　ラ　ドゥ　ロ

알아들어?
分かった？ / 理解した？

알아듣다（アラドゥダ）は「聞き取る／理解する」という意味です。それを疑問形にすると、言ったこと話したことが理解できたのか、話に納得できてるのかと強く問うフレーズになります

トッケビ ⟨6話⟩

ウェ　チャック　ヘッカル　リ　ゲ　ヘ　ニ　ガ　ムォン　デ

왜 자꾸 헷갈리게 해, 네가 뭔데?

なぜ何度も混乱させるんだ、君がなんだって？

ニ　ガ　ムォン　デ

네가 뭔데?
あんた何様？（あんたに何がわかるの？）

このフレーズは言い争いなどのケンカシーンでよく出てきます。相手の言動が行き過ぎていたり、出しゃばってると感じたときに言う言葉で、「何も知らないくせにお前に一体何がわかるんだ‼」というニュアンスです

サイコだけど大丈夫

_{ノ イ ジェ クマネ ムォル クマ ネ}

너 이제 그만해 - 뭘 그만해 ?

お前もうやめろ - 何をやめろって？

_{クマネ}

그만해

(いい加減にそのへんで) やめて / やめな

하지마 (ハジマ)「するな」は相手が何かをする前、最中のことを止めるニュアンスなのでユ만해 (クマネ) と微妙に違います。ユ만＋動詞の形でよく使われ、ユ만 먹어 (クマンモゴ) で「もうその辺で食べるのやめな」という意味になります

キム秘書はいったい、なぜ？

_{アン ドゥェ ヨ　　クッチョグン　クッチョグン アン ドゥェ ヨ}

안 돼요, 그쪽은, 그쪽은 안 돼요 !

ダメですそっちは、そっちはダメです

_{アン ドゥェ ヨ}

안 돼요

ダメです

안되요 ではなく、안돼요。パンマル (タメ口) で言うときは、요をとり안 돼 (アンドゥェ) となります。먹으면 안 돼 (モグミョン アンドゥェ) !「食べたらダメ！」

愛の不時着

_{ノ テチェ ヨ ギ ガ オ ディ イン ジュル アル ゴ チ グム チャン ナ ネ}

너 대체 여기가 어디인 줄 알고 지금 장난해 ?

お前ここがどこだと思って... 今ふざけてるのか？

_{チャン ナ ネ}

장난해 ?

ふざけてるのですか？

장난하다 (チャンナダ) は「からかう」という意味です。それを疑問形にし「장난해 (요) ?」となります。ケンカを売ってる、からかってると感じたときに使われます

基本編

23

イカゲーム （3話）

ヤ　オ ディ ガ　　　　　ウェ　ナ ラン カ チ ハ ゲ
야, 어디 가? - 왜? 나랑 같이 하게?

おい、どこ行くんだ？ - なんで？私と一緒にやるの？

オ ディ ガ
어디 가?
どこ行くの？

友達同士や年下にどこへ行くのかを尋ねるフレーズ。道端で偶然会ったときに「どっかおでかけ？」と軽い挨拶代わりとして使われたりもします

ロマンスは別冊付録（4話）

ヌ ナ　モ リッ ソ ゲン ト　デ チェ ムォ ガ トゥ ロッ ソ　ムォ　ア ニ　ク ニャン
누나 머릿속엔 도대체 뭐가 들었어? - 뭐, 아니, 그냥...

姉さんの頭の中に一体何が聞こえたの？ - まあ、その...

ク ニャン
그냥
まあ / その / ただ...

言葉にできない気持ちを表すときに頻繁に使われる表現の一つです。はっきりとした理由や返事をごまかしたいときなど、あいまいな返事にしたいときにも使われます

その年、私たちは（6話）

チャ ゴ　カル レ　　　　ノ　ホク シ　オ ディ　ア パ
자고 갈래? - 너 혹시 어디 아파?

泊まっていく？ - あんたもしかして体調悪いの？

オ ディ　ア パ
어디 아파?
体調悪いの？

直訳は「どこか痛い？」韓国語で、「体調悪いの？」と聞くときによく使われるフレーズです。「体に気をつけて」と言いたいときは、아프지마 (アプジマ) を使いましょう

よくおごってくれる綺麗なお姉さん

5話

クロミョン　マシンヌン　ゴ　サ　ジュセヨ　ヘ　ブゥ　チュグルレ
그러면 '맛있는 거 사 주세요' 해 봐 - 죽을래?

それなら「おいしいもの買ってください」と言ってみて - 死にたいの？

チュグルレ
죽을래?
死にたいの？

「死にたいの？（殺されたいの？）」というニュアンスの表現。良い言葉ではないですが、ドラマや会話の中ではこの죽다（チュッタ）を使った表現がたくさん出てきます

サイコだけど大丈夫

15話

ヒョンハンテ　ム　スン　チッ　ヘッソ　コクチョン　マ　チュギジ　アナッスニッカ
형한테 무슨 짓 했어? - 걱정 마, 죽이지 않았으니까.

兄に何をした？ - 心配しないで、殺さなかったから

コクチョン　マ
걱정 마
心配いらないよ / 大丈夫だよ

心配している相手に対し使う表現です。少し丁寧に言いたいときは、걱정하지 마（コクチョンハジマ）「心配しないで」を使うと良いです

わかっていても

1話

ナン　ヨ　ギ　ソ　ボ　ス　チョシミ　ガ　オ　チャル　ガ
난 여기서 버스, 조심히 가 - 어, 잘 가

僕はここでバス、気を付けて帰ってね - バイバイ

チャル　ガ
잘 가
バイバイ / じゃあね

안녕（アンニョン）もありますが、잘 가は別れ際のときにしか使えないフレーズです。丁寧に言いたいときは잘 가요（チャルガヨ）

基本編

その年、私たちは

チ　チッコル　　ノ マルタ ヘッソ　　　　ア ニ　ハ ゴ イッチャナ　　ア ジク
지 , 지껄 ? 너 말 다 했어 ? - 아니 , 하고 있잖아 , 아직

ペチャクチャ？お前言いたいのはそれだけか？-いや、言ってるでしょまだ

マル タ ヘッ ソ
말 다 했어 ?

全部言ったの？（言いたいことはそれだけ？）

ケンカでピリピリとしたシーンに使われ、相手の本音や暴露によってもう怒り爆発寸前。「よくそこまで言ってくれたな」「言ったわね」というニュアンス

トッケビ

サル リョ ジュ セ ヨ　　　　チェ バル
살려 주세요 , 제발

助けてください、どうか

チェ バル
제발

どうか

제발は切実な気持ちで頼むという意味合いが強い表現で、切羽詰まったときにしか使われません。この一言だけで使うこともできますが、軽い表現ではないので使う場合は気をつけましょう

キム秘書はいったい、なぜ？

マルド アンドゥェ　トゥ ボ ニ ナ　タ ショッス ミョン ソ アン ム ソウ セ ヨ
말도 안 돼 , 두 번이나 타셨으면서 안 무서우세요 ?

ありえない 、2 回も乗ったのに怖くなかったのですか？

マル ド アン ドゥェ
말도 안 돼

信じられない / ありえない

噂などに対して、「ばかげている」「話にならない」といったニュアンスでよく使われる表現です。これにつながる反語表現として말이 돼？（マリ ドゥェ）「ありえる？」も覚えておくと便利！

社内お見合い

7話

トゥェッ ソ ヨ アム ゴット アニエヨ
됐어요, 아무것도 아니에요
いいです、何でもないです

トゥェッ ソ ヨ
됐어요
いいです / 結構です

괜찮아요（クェンチャナヨ）「大丈夫です」よりも、「もう十分、不要」という意味が含まれてるので、言い方によっては冷たく感じる人もいます

海街チャチャチャ

5話

チャ チョンダ プン オ ボン マジャ イ ジェ トゥェッ ツ
자, 정답은 5번 - 맞아 - 이제 됐어?
正解は 5 番 - 合ってる - もういい?

基本編

トゥェッ ソ
됐어?
もういい? / もう済んだ?

相手が何かを完成させたり、し終えたりしたときなどに「できた? / もう済んだ?」という表現ですが、言い方によっては突き放すようなニュアンスになります

キム秘書はいったい、なぜ?

4話

チャ ゴ カラゴ ヨ ギ ソ ネ クゲ ムスン
자고 가라고 여기서 - 네? 그게 무슨...
泊まっていきなここで - それはどういう意味で…

ク ゲ ムスン
그게 무슨...
それは (一体) どういう (こと) ?

그게 무슨 소리야（クゲ ムスン ソリヤ）と同じニュアンスで「まさか、信じられない」という話し手の考えを表すときに使われます

SKY キャッスル

ワン ジョン ッタン セ サン イ ネ　　コ ブヮ　　チンッチャ キョ ウル ワン グク カッ チ
완전 딴 세상이네　-거봐, 진짜 겨울 왕국 같지?

完全に別世界だね　-ほらね冬の王国みたいでしょ

コ ブヮ
거봐!

ほらね / ほら

「ほら見なさい！」「ほらーやっぱり」という感嘆詞です。前にあった物事の良し悪しに関係なく「ほら、だから言ったのに」と日本語の「ほらね」と同じように使えます

イカゲーム

ヌン　オットン　サ ラム ドゥ リ ヤ　　シン ギョン ッコ
VIP는 어떤 사람들이야? -신경 꺼

VIPはどんな人たちなんだ？ -気にするな

シン ギョン ッコ
신경 꺼

ほっといて / 口出ししないで

直訳は「神経を消して」。相手に対し「余計なお世話だ」「あなたには関係ないでしょ！」と強く言いたいときに使われます

サイコだけど大丈夫

ピ リョ ハン　サ ラ ミ トゥェ ギ シル テッチ　チャルドェ ネ ネ　ナ ガ　ッパル リ
필요한 사람이 되기 싫댔지? 잘됐네 나가, 빨리

必要な人になるのはイヤなんだよね　良かった　出てって早く

チャルドェン ネ
잘됐네

よかったね / おめでとう

成功したり、願いが叶った相手に対して「よかったね！」とリアクションしたり、共感するときに使います。다행이다（タヘンイダ）は「安堵」の意味での「良かった」になります

イカゲーム

2話

내 돈, 내 돈 내놔

ネ トン　ネ トン　ネ ヌヮ

俺のお金、俺のお金出せ

내놔

ネ ヌヮ

（隠したものを）出せ / よこせ

내 놓다（ネノッタ）は「出す／差し出す」。「返せ！」と怒鳴ったり、相手に命令するときに使われる表現です

キム秘書はいったい、なぜ？

5話

할 말 있어 - 할 말요 ?

ハル マル イッ ソ　　　ハル マ リョ

言いたいことがある　-言いたいことですか？

할 말 있어

ハル マル イッ ソ

言いたいことがある

相手に「話がある」と切り出すときに使う表現です。大体、この後には重要な話が続きます。할 말이 없다（ハルマリオプタ）と言うと「呆れかえって言葉が出ない」という意味になります

ヴィンチェンツォ

7話

빈센조는 내가 알아서 할게요

ヴィンチェンツォ ヌン　ネ ガ　アラ ソ ハルケヨ

ヴィンチェンツォは僕がなんとかします

알아서 할게요

ア ラ ソ ハル ケ ヨ

好きなようにやるね / 自分でうまくやるね

「勝手に〜、自分で判断して〜」と、あることに対し、自ら決定をしたり、判断し、行動に移すことを言います

基本編

29

海街チャチャチャ

4話

チョ ギ ヨ　　チェ マル アン トゥル リョ ヨ　　チョ ギ ヨ
저기요, 제 말 안 들려요? 저기요!

あの、私の言ってること聞こえてますか？あの！

チョ ギ ヨ
저기요

あの～ / すみません（人を呼び止める）

声をかけて呼び止めるときに使われる表現で、道を尋ねるときや注文するとき、質問するときにも、日本語の「すみません」のように使える万能な言葉です

シスターズ

4話

ア ヒュ　　ッシ チェ ス オプ ソ
아휴, 씨 재수없어

ああ、ムカつく！

チェ ス オプ ソ
재수없어

ついてない / ムカつく

物事に対して「ついてない、不運だ」という意味ですが、嫌な相手に対して不快な気分を感じ「感じ悪っ、ムカつく」という意味でも使われます

田舎街ダイアリーズ

3話

ク ロ ム　スゴ ハ セ ヨ　　　　ク ゲ ア ニ ラ
그럼 수고하세요. - 그게 아니라

では、お疲れ様でした - そうじゃなくて

ク ゲ ア ニ ラ
그게 아니라

そういうことではなくて / そうじゃなくて

그게「それが」に아니라「でなく」をくっつけた形です。相手が誤解したときにもよく使いますが、言い訳をするとき、または言うことがないときにもよく使います

ウ・ヨンウ弁護士は天才肌　4話

너, 48 분 지각이다 . - 어쩌라고 ?
ノ サシッパル ブン チ ガ ギ ダ　オッチョラゴ

君、48 分遅刻だよ - だからどうしろと？

어쩌라고 ?
オッチョラゴ

どうしろと？

日本語の「どうしろと？」という意味です。目上の人に対して使うと失礼な表現になります

イカゲーム　3話

많이들 돌아왔네 . - 그러게요
マニ ドゥル ト ラ ワン ネ　クロ ゲ ヨ

たくさん入ってきましたね - そうですね

그러게요
クロ ゲ ヨ

ですよね（私もそう思ってました）

그러게 말이에요「そういう事です」を省略した形です。言われたことに共感、相槌を打つ時によく使われる表現でフランクに使いたい場合はそうですねを使います。同じように同感・同意表現として内の言い (ネマリ) もあるので覚えておくと良いです

トッケビ　7話

뭐라고 ? 못 들었어
ムォ ラ ゴ　モッ トゥ ロッ ソ

なんだって？聞こえなかった

뭐라고 ?
ムォ ラ ゴ

何？ / 何だって？ / 何だと？

뭐라고요? (ムォラゴヨ) は会話で聞きづらかったときや相手に聞き返すときに使います。ドラマでは相手の話が信じられず、「何ですって（今なんて!?)」や、「何だと（もう一回言ってみろ）」と場面によっていろんな意味に訳せます

31

サイコだけど大丈夫

サラン ヘ　サラン ハンダ ゴ　ヤ　オ イ ガ オムネ　チンッチャ
사랑해! 사랑한다고! 야! 어이가 없네, 진짜

愛してる、愛してるってばちょっと！呆れるわねホント

オ イ ガ　オプ ソ
어이가 없어

まったく / あきれるわ

「呆れてものが言えない」「呆れて言葉が出ない」という意味です。文章によっては「どうしようもない」でも使えます

トッケビ

ノ　パン グム　ネ　センガク　ヘッ ソ　ア　ネッ ソ
너 방금 내 생각 했어? 안 했어?

お前さっき俺の事考えた？考えてない？

ヘッ ソ　ア　ネッ ソ
했어? 안 했어?

した？してない？

했는지 안 했는지（ヘヌンジ アンヘヌンジ）？という言い方はしません。「してなかったっけ？」と大人が子供や目下の相手に対して怒鳴ったり問い詰める時に使われることが多いです

愛の不時着

イ ブヮ　イ ブヮ ヌン ットク パ ロ モッ ボ ヌン ゴ ブヮ
이봐, 이봐 눈 똑바로 못 보는 거 봐

ほらほら、目をまっすぐ見れてないの見てみ

イ ブヮ
이봐

ねえちょっと / ほらみたことか

「ほらごらん」と使われたり、呼びかけの言葉としても使われますが、失礼にあたる場合もあるので注意しましょう

愛の不時着

두 분이서 말씀 나누시고 전 이만

トゥ　ブ　ニソ　マルッスム　ナ　ヌ　シゴ　チョン　イマン

お二人でお話なさってください。私はこれで

이만
イマン

これで / この辺で

이만は、進行していることを終わらせるときや、別れの挨拶で主にその場を去る人が使います。이만 갈게（イマン カルケ）で「そろそろ帰る」となります

その年、私たちは

작가님 , 좋은 아침 . 괜찮아요 자주 있는 반응이니까

チャッカニム　チョウン　アチム　クェンチャ ナ ヨ　チャジュ インヌン パ ヌン イ ニッカ

作家さん、おはよう。大丈夫です。よくある反応なので

좋은 아침
チョ ウン　ア チム

おはよう

直訳は「いい朝」。丁寧に言う場合は、좋은 아침입니다（チョウン アチミムニダ）「おはようございます」となります。

サイコだけど大丈夫

미안해 , 내가 거짓말했어 - 거짓말은 나쁜 거랬는데

ミ ア ネ　ネガ　コ ジンマ レッ ソ　コ ジンマルン ナップン ゴ レンヌン デ

ごめん、僕が嘘ついた - 嘘は悪いことだって言ってたのに

거짓말
コ ジン マル

嘘

韓国ドラマではよく耳にする単語ではないでしょうか。発音はㅅパッチムは鼻音化により、ㅅ (t)→ㄴ (n)に変化します。そして最後のㄹは「ル(ru)」と強く発音するのでなく (r) で止まります

基本編

33

シスターズ

ナ カルケ チョ シ ミ ガ ウン チョ シ ミ ガ
나 갈게, 조심히 가 . - 응 , 조심히 가

僕帰るね、気を付けて - うん気を付けてね

チョ シ ミ ガ
조심히 가

気を付けてね

相手を気遣う挨拶としてよく使われる表現です。丁寧な表現は조심히 가세요（チョシミカセヨ）「気をつけて行ってください」となります

田舎街ダイアリーズ

アム リ チャ ジャ ド アン ボ ヨン ヌン デ タ ヘン イ ダ
아무리 찾아도 안 보였는데 다행이다

どれだけ探しても見つからなくて…（見つかって）よかった

タ ヘン イ ダ
다행이다

（何事もなく）よかった / ホッとした

少しホッとしたときの「安心感」のニュアンスで使われる表現です。「（心配していたけどこうなって）よかった」、「（何事もなく）ほっとした」

ヴィンチェンツォ

ノムハ ネ チンッチャ ムォガ ノム ヘ タン ヨ ニ トゥェ ヤ ジ
너무하네 , 진짜 - 뭐가 너무해 , 당연히 돼야지

ひどいな本当に。- 何がひどいのよ、当然でしょ

ノ ム ハ ネ
너무하네

ひどいね / あんまりだね

「（相手からの扱いが）ひどい / あんまりだ」という意味です。너무해！（ノムヘ）と強く言うと怒った感じに。너무해～と恋人に対して可愛く、愛嬌のように使われたりもします

ウ・ヨンウ弁護士は天才肌　2話

セッキ　コ　レ　エ　モム ム　ゲ ヌン　オル マ ナ　チュン ガ　ハル ッカ ヨ　　クル ッセ ヨ
새끼 고래의 몸무개는 얼마나 증가할까요 ? - 글쎄요
子クジラの体重はどれだけ増えますか？ - さあ、どうでしょう

クル ッセ ヨ
글쎄요
さあ、どうでしょう

返事に困ったとき、考えを整理したいときによく使われる相槌の表現です

ヴィンチェンツォ　20話

イ ジェ　チェ バル　ク マン　チョム　ハ ラ ゴ　　　ヌ ワ
이제 제발 그만 좀 하라고 . - 놔
もうどうかこのへんにしておけって　- 離せ

ヌ ワ
놔
放しな / 手から離して

놔は、놓다（ヌッタ）「離す」の活用した形で、相手がずっと離さずにいると、안놔？（アンヌワ）「離さないのか」と言われてしまうかもしれません

ウ・ヨンウ弁護士は天才肌　1話

ヒャン ゴ　レ ヨ　　　　マ ジャ ヨ　　ヒャン ゴ レ
향고래요 ?　- , 향고래
マッコウクジラ？ - そうです、マッコウクジラ

マ ジャ ヨ
맞아요
そうです / 合ってます

맞다（マッタ）は「正しい / 合う」なので、相手の話が「正しいです / 合っています」という意味の相槌で使われます

基本編

"ウ・ヨンウ"で話題 韓国の回文って?

チェ イルムン トッパロ イルゴト コックロ イルゴト ウヨンウイムニダ
제 이름은 똑바로 읽어도 거꾸로 읽어도 우영우입니다

私の名前は 上から読んでも下から読んでも ウ・ヨンウです

キロギ トマト スイス インドイン ビョルトンビョル ウヨンウ ヨクサムヨク
기러기 토마토 스위스 인도인 별똥별 우영우 ...... 역삼역?

雁 (がん)、トマト、スイス、インド人、流れ星、ウヨンウ…ヨクサム駅?

―― 『ウ・ヨンウ弁護士は天才肌』より

新人弁護士ヨンウのユニークな自己紹介がかわいらしくて話題となった韓国の回文 (=上から読んでも下から読んでも同じ文) 。ですが、韓国語をそのまま日本語訳すると回文にならない単語もあるため、ドラマの日本語字幕では、意味の同一性より、日本語でも回文になるよう「キツツキ、トマト、スイス、子猫 (こねこ)、南 (みなみ) …」と表示されていました。ここでは、ヨンウが実際に言っていたものや、他の韓国語の回文を見ていきましょう。

キロギ　　がん
기러기　雁

トマト
토마토　トマト

スイス
스위스　スイス

インドイン
인도인　インド人

ビョルトンビョル
별똥별　流れ星

ヨクサムヨク
역삼역　ヨクサム駅
*ソウルの江南にある駅

ソジュ ジュソ
소주 주소
　　　焼酎ください

ブ サン イン サン ブ
부산 임산부
　　　釜山の妊産婦

チャ ッパル リ ッパル リ ッパル ジャ
자 빨리 빨리 빨자
　　　さあ　早く早く洗おう

ソ ジュ マン ビョンマン ジュ ソ
소주 만 병만 주소
　　　焼酎1万本だけください

ナ イ ア ガ ラ ガ ア イ ナ
나이아가라가 아이나?
　　　ナイアガラじゃないか?

ス バク ナ ヌ ジャ ヌ ナ バク ス
수박 나누자 , 누나 박수!
　　　スイカ分けよう、
　　　ヌナ (姉さん) 拍手!

第2章

イボンチュ スケジュル オットケトゥエ？
今週のスケジュールは？

お仕事ドラマ編

弁護士、秘書、編集者…
さまざまな職場で働く主人公に感情移入！
お仕事ドラマのフレーズで韓国語を学ぼう！

お仕事ドラマ 1

ミセン -未生-　会社員

안영이 アンヨンイ　5話

거의 일주일 내내 야근에 새벽 출근이었어요
コ ウィ イル ジュ イル ネ ネ ヤ グ ネ セ ビョク チュル グ ニ オッ ソ ヨ
① ② ③ ④

1週間ほとんどずっと残業と早朝出勤だった

1) 거의
コ ウィ
ほとんど / ほぼ

2) 내내
ネ ネ
ずっと / 常に

3) 새벽
セ ビョク
夜明け / 明け方

4) 출근하다
チュル グ ナ ダ
出勤する

장그래＆한석율 チャングレ＆ハンソギュル　3話

내 상사에 대해 뭘 알아？ - 야, 너나 나나 인턴 이야！
ネ サン サ エ テ ヘ ムォル アラ ヤ ノ ナ ナ ナ イン トン ニ ヤ
① ② ③ ④

僕の上司のことを何も知らないくせに - お前も俺もまだインターンだろ！

1) 상사
サン サ
上司

2) ☞名詞 + - 에 대해 (서)
エ テ ヘ ソ
〜について

3) 너나 나나
ノ ナ ナ ナ
あなたも私も

4) 인턴
イン トン
インターン

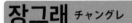

장그래 チャングレ

9話

検정고시 치르고 바로 그분 회사에 취직 시켜 주셨어요
① ② ③ ④

コム ジョン コ シ / チ ル ゴ / バ ロ / ク ブン / フェ サ エ / チュイ ジク / シ キョ ジュ ショッ ソ ヨ

高卒認定試験を受けたあと、一度彼の会社に就職しました

1)
コム ジョン コ シ
검정고시
高卒認定試験

2)
チ ル ダ
치르다
(試験を)受ける

3)
フェ サ
회사
会社

4)
チュイ ジク
취직
就職

お仕事ドラマ編

김동식 キムドンシク

7話

직장인이 월급하고 승진 빼면 뭐가 있겠냐?
① ② ③ ④

チクッチャン イ ニ / ウォル グ / パ ゴ / スン ジン / ッペ ミョン / ムォ ガ / イッ ケン ニャ

会社員に給料と昇進以外何がある?

1)
チクッチャン イン
직장인
会社員 / 社会人

2)
ウォル グプ
월급
月給

3)
スン ジン
승진
昇進

4)
文 用言の語幹 + 냐 ニャ
~(の)か?

※疑問に思っていることを少し威圧的に伝える表現

39

キム秘書はいったい、なぜ？ 会社員

이영준 イ ヨンジュン 2話

부회장 부속실 회식인데 부회장이 빠지는 게 말이 되나?

ブ フェ ジャン ブ ソク シル フェ シ ギンデ ブ フェ ジャン イ ッパ ジ ヌン ゲ マ リ トゥェ ナ

① ② ③ ④

副会長付属室の飲み会なのに俺抜きじゃ話にならないだろう

1
ブ フェ ジャン
부회장
副会長

2
フェ シク
회식
会食 / 飲み会

3
ッパ ジ ダ
빠지다
外れる / 抜ける

4
マ リ トゥェ ダ
말이 되다
ありえる / 話に筋が通る

이영준 イ ヨンジュン 1話

보상이 있어야 성과도 따르는 법이지

ボ サン イ イッ ソ ヤ ソンッ クァ ド ッタ ル ヌン ポ ビ ジ

① ② ③ ④

報酬があれば成果もついてくる

1
ボ サン
보상
補償

2
文 用言の語幹 ＋ 아 / 어야
ア オ ヤ
〜してこそ / 〜すれば

3
ソンッ クァ
성과
成果

4
文 動詞の語幹 ＋ 는 법이다
ヌン ポ ビ ダ
（当然）〜するものだ

김비서가 왜 그럴까 *– キムビソガ ウェ クロッカ –*

6話

김미소 *キムミソ*

ネ ックル カ トゥン ヒュ イル ル スク チュィ ロ ボ ネル ス オブ ソ
내 꿀 같은 휴일을 숙취로 보낼 수 없어
① ② ③ ④

最高の休日なのに二日酔いで過ごせるわけないわ

1
ックル ガッ タ
꿀 같다
最高だ / とてもいい ＊直訳（ハチミツのようだ）

2
ヒュ イル
휴일
休日

3
スク チュィ
숙취
二日酔い

4
ポ ネ ダ
보내다
過ごす / 送る

4話

김미소 *キムミソ*

イ ボン チュ ウェ ブ イル チョン モ ドゥ チュイ ソ ヘッ スム ニ ダ
이번 주 외부 일정 모두 취소했습니다
① ② ③ ④

今週の外出日程はすべてキャンセルしておきました

1
イ ボン チュ
이번 주
今週

2
ウェ ブ
외부
外部

3
イル チョン
일정
日程

4
チュイ ソ
취소
キャンセル / 取り消し

お仕事ドラマ編

社内お見合い 会社員

강태무 カンテム

4話

미팅 미뤄진 김에, 신제품 시식회나 참석하지
ミ ティン ミ ルォ ジン ギ メ シン ジェ ブム シ シ クェ ナ チャム ソ カ ジ
① ② ③ ④

会議が持ち越されたから新商品の試食会へ

1)
ミ ティン
미팅
ミーティング

2)
ン ヌン ギ メ
文 動詞の語幹 + ㄴ / 는 김에
〜するついでに

3)
シン ジェ ブム
신제품
新製品

4)
チャム ソ カ ダ
참석하다
参加する / 出席する

신하리 シンハリ

1話

새로운 사장님 캐릭터 심상치 않네요
セ ロ ウン サ ジャン ニム ケ リク ト シム サン チ アン ネ ヨ
① ② ③ ④

新社長は只者ではなさそうですね

1)
セ ロプ タ
새롭다
新しい

2)
サ ジャン ニム
사장님
社長（様）

3)
ケ リク ト
캐릭터
キャラクター

4)
シム サン チ アン タ
심상치 않다
尋常ではない / 普通じゃない

※上司が部下などを呼ぶ場合は、「님（ニム）」を取っても大丈夫ですが、役職の低い人が上司や目上の人、顧客に対しては、必ず役職名＋「님」が使われます

42

사내 맞선 - サネ マッソン -

강태무 & 차성훈 カンテム & チャソンフン

4話

이번 주 스케줄 어떻게 돼? - 금요일 오전 비어 있습니다
イ ボン チュ ス ケ ジュル オット ケ トゥェ　クミョイル オジョン ビ オ イッスムニダ
① ② ③ ④

今週のスケジュールは？- 金曜の午前が空いてます

1
スケジュール
스케줄
スケジュール

2
オ ジョン
오전
午前

3
ピ ダ
비다
空く

4
⊗ 動詞の語幹 + 아 / 어 있다
ア オ イッタ
~ている / ~てある ＊その状態が続いている

강태무 カンテム

5話

차 실장, 2 시에 식품 개발 1 팀이랑 회의 잡아
チャ シルッチャン トゥ シ エ シクプム ケ バル イル ティ ミ ラン フェ イ チャ バ
① ② ③ ④

チャ室長、2 時に食品開発 1 チームと会議を

1
シルッ チャン
실장
室長

2
ケ バル
개발
開発

3
フェ イ
회의
会議

4
チャプ タ
잡다
立てる / 決める

お仕事ドラマ編

43

社内お見合い 　会社員

강태무 カンテム　6話

ユ ヌン ハン　チ グォ ヌル　イ　カム ジョン ジョ ギン　イ ユ ロ　ッチャル ヌン ゴン，ナ マン　ソ ネ ジョ

유능한 직원을 이 감정적인 이유로 **짜르는건**, 나만 **손해**죠
① ②　　　　　　　③　　　④

優秀な社員をクビにしたら僕が損するでしょう

1 ユ ヌン ハ ダ
유능하다
有能だ

2 チ グォン
직원
職員 / スタッフ

3 ッチャル ル ダ
짜르다
解雇する / クビにする

4 ソ ネ
손해
損害

차성훈 チャソンフン　12話

チェ ガ　カッ コ　イン ヌン　チュ シク　イル ブ イェ ヨ．フェ サ　チャ リ ヌン　デ ッソ ヨ

제가 **갖고** 있는 **주식** 일부예요. 회사 **차리는** 데 **써요**
① ②　　　　③　　　④

僕が持ってる株式の一部です。使ってください

1 カッ タ
갖다
持つ / 取る

2 チュ シク
주식
株式

3 チャ リ ダ
차리다
用意する / 整える

4 ッス ダ
쓰다
使う / 書く

신하리 シンハリ

2話

チョ オ ヌル ヌッ ケ トゥ ロ ガル コ カ トゥン デ チェ ガ オ ヌル ヤ グ ニ ラ ソ
저 오늘 늦게 들어갈 거 같은데 ... 제가 ... 오늘 야근이라서
① ② ③ ④

今日は帰るのが遅くなりそうです。残業なので

1)
ヌッ タ
늦다
遅い / 遅れる

2)
トゥ ロ ガ ダ
들어가다
入る / 帰る

3)
ヤ グン
야근
夜勤

4)
イ ラ ソ
㊛ 名詞 + (이) 라서
～なので / ～だから

신하리 シンハリ

6話

ファン グム ガ トゥン チュ マ レ チュルッ チャン イ ラ ニ ネ ガ ネ パル ドゥン ウル ッチ ゴッ チ シ ナ リ
황금같은 주말에 ... 출장이라니 내가 내 발등을 찍었지 신하리 ...
① ② ③ ④

黄金の週末に出張だなんて…私が悪いのよね

1)
ファン グム
황금
黄金

2)
チュルッ チャン
출장
出張

3)
イ ラ ニ
㊛ 名詞 + (이) 라니
～だなんて / ～だとは

4)
パル トゥン ウル ッチ キ ダ
발등을 찍히다
背かれる / 裏切られる

ヴィンチェンツォ 弁護士

빈센조 ヴィンチェンツォ 18話

パン ソン ウン マル ロ ハ ヌン ゲ ア ニ ラ パッ クィン ヘン ドン ウル ケ ソッ ユ ジ ハ ヌン ゴ ヤ

반성은 말로 하는 게 아니라 **바뀐 행동**을 계속 **유지하는** 거야
① ② ③ ④

反省というのは口だけでなく変わろうと行動し、それを維持し続けることだ

1 パン ソン
반성
反省

2 パッ クィ ダ
바뀌다
変わる

3 ヘン ドン
행동
行動

4 ユ ジ ハ ダ
유지하다
維持する

빈센조 ヴィンチェンツォ 11話

コ トン エ ヌン ハン ゲ ガ イッ チ マン コン ポ エ ヌン ハン ゲ ガ オプ タ ヌン ゴ

고통에는 **한계**가 **있지만 공포**에는 한계가 없다는 거
① ② ③ ④

苦痛には限界があるが、恐怖には限界がない

1 コ トン
고통
苦痛 / 苦しみ

2 ハン ゲ
한계
限界

3 ㊃ 用言の語幹 + ジ マン
지만
～けど / だが

4 コン ポ
공포
恐怖 / ホラー

빈센조 ヴィンチェンツォ

ナル チ キョ ジュ ヌン ゴン チョン グヮ カ リ アニ ラ ネ モ リ ヤ
날 지켜 주는 건 총과 칼이 아니라 내머리야
① ② ③ ④

自分を守るのは銃や刃物じゃない。頭脳だ

1)
チ キ ダ
지키다
守る

2)
チョン
총
銃

3)
カル
칼
刃物（包丁・ナイフなど）

4)
モ リ
머리
頭

홍차영 ホンチャヨン

ヨン グ ウォンドゥル トン ジェ ト カン ハ ゲ ヘ ジュ セ ヨ ティム ジャン ニム
연구원들 통제 더 강하게 해 주세요 , 팀장님
① ② ③ ④

研究員のコントロールを強化させてください、チーム長

1)
ヨン グ ウォン
연구원
研究員

2)
トン ジェ
통제
統制 / コントロール

3)
ケ ハ ダ
⊗ **用言の語幹 + 게 하다**
～させる / ～するようにする

4)
ティム ジャン ニム
팀장님
チーム長（様）

お仕事ドラマ編

47

ウ・ヨンウ弁護士は天才肌 弁護士

우영우 ウヨンウ
2話

ソ チュイ ハ ハム ニ ダ　　ラ ゴ　マ ラ ミョン トゥエム ニ ダ　　チェ バン チュン エ　バン サ ハン テ ヨ
'소 취하 합니다' 라고 말하면 됩니다 . 재판 중에 판사한테요
① ②　　　　　　　　　　　　　　　③　　　　④

「訴えを取り下げます」と裁判長に言えばいいんです

1)
ソ
소
訴え

2)
チュイ ハ
취하
取り下げ

3)
チェ バン
재판
裁判

4)
バン サ
판사
判事

우영우 ウヨンウ
1話

チェ センガゲ　イ　サッコ ヌン　ユ ム ジェ ルル　タ トゥォ ヤ　ハ ヌン　サッ コ ニム ニ ダ
제 생각에 이 사건은 유무죄를 다퉈야 하는 사건입니다
①　　　　　　②　　　　③　　　　④

私は有罪か無罪かを争うべき事件だと思います

1)
チェ セン ガ ゲ
제 생각에
私が考える（思う）に

2)
サッコン
사건
事件

3)
ユ ム ジェ
유무죄
有罪と無罪 / 罪の有る無し

4)
タ トゥ ダ
다투다
揉める / 争う

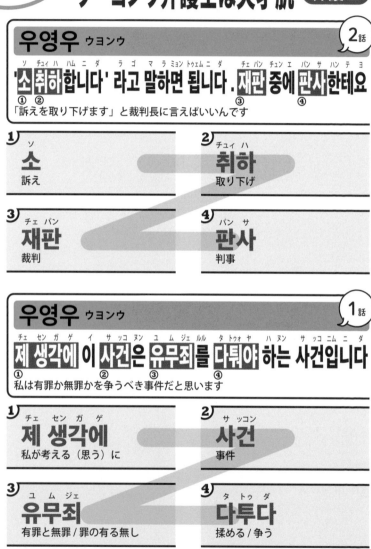

정명석 チョンミョンソク 〔12話〕

オ ヌ ッチョ ギ サ フェ チョンウィ イン ジ ヌン パン サ ガ パン ダン ハル イ リ ジ
어느 쪽이 사회 정의인지는 판사가 판단할 일이지
① ② ③ ④

どちらが正しいかは判事が判断することだ

1) オ ヌ ッチョク
어느 쪽
どちら / どっち

2) サ フェ
사회
社会

3) チョン ウィ（チョンイ）
정의
正義

4) パン ダン
판단
判断

우영우 ウヨンウ 〔3話〕

チョ ヌン ピ ゴ イ ネ ゲ ト ウ ミ トゥェ ヌン ピョ ノ サ ガ ア ニ ム ニ ダ
저는... 피고인에게... 도움이 되는 변호사가... 아닙니다
① ② ③ ④

私は被告人の力になれる弁護士ではありません

1) ピ ゴ イン
피고인
被告人

2) ト ウム
도움
助け

3) イ ガ トゥエ ダ
⊗ 名詞 + (이) 가 되다
〜になる

4) ピョ ノ サ
변호사
弁護士

ウ・ヨンウ弁護士は天才肌 弁護士

정명석 チョンミョンソク 4話

앞으로 우변은 **월차** 못 씁니다. **결근**으로 다 **땡겨썼**으니까
① ② ③ ④

その代わりこれから有給は使えないよ。もう残ってない

1 ア プ ロ
앞으로
これから

2 ウォル チャ
월차
月休（月次有給休暇）

3 キョル グン
결근
欠勤

4 ッテン ギ ダ
땡기다
引っ張る / 詰める

우영우 ウヨンウ 15話

이제 **점심시간** 끝났어 . 다시 **근무** 시간이야 , **사적**인 이야기 **금지**
① ② ③ ④

お昼休みは終わり。勤務時間だから私的な話は禁止

1 チョム シム シ ガン
점심시간
昼食時間 / 昼休み

2 クン ム
근무
勤務

3 サ チョク
사적
私的

4 クム ジ
금지
禁止

이상한 변호사 우영우 - イサンハン ピョノサ ウヨンウ -

우영우 ウヨンウ

ハ ジ マン ク ゴ スン ヒョン サ ソ ソン ボ ビム ニ ダ イ チェ バ ヌン ミン サ ソ ソンイ ゴ ヨ

하지만 그것은 형사 소송법입니다 . 이 재판은 민사 소송이고요
① ② ③ ④

でもそれは刑事訴訟法で、これは民事裁判です

1
ハ ジ マン
하지만
でも / だけど

2
ヒョン サ
형사
刑事

3
ソ ソン
소송
訴訟

4
ミン サ
민사
民事

정명석 チョンミョンソク

コ ジ シカル チョンド ロ ポブ チャル チ キ ドン ウ ヨン ウ ピョ ノ サ ヌン オ ディ カッ スム ニッ カ

고지식할 정도로 법 잘 지키던 우영우 변호사는 어디 갔습니까 ?
① ② ③ ④

生真面目なほどに法を守るウ・ヨンウ弁護士はどこへ？

1
コ ジ シ カ ダ
고지식하다
生真面目だ

※考えが古くて堅いという意味。否定的なニュアンスを持ちます

2
チョンド
정도
程度 / くらい

3
ポブ
법
方法 / ルール

4
チャル
잘
よく / うまく / ちゃんと

お仕事ドラマ編

51

賢い医師生活 　医者

안정원 アンジョンウォン

シーズン1
2話

ウィ サ ドゥル マ ダ　チャ ギ　パン シク ド イッコ　サ ジョン ド イッ スル テン デ
의사들마다 자기 **방식**도 있고 **사정**도 있을 텐데
① ② ③ ④
医者はそれぞれやり方も違えば事情も違う

1
ウィ サ
의사
医者

2
マ ダ
⽂ 名詞 + 마다
~ごとに / ~のたびに

3
パン シク
방식
方式

4
サ ジョン
사정
事情

추민하 チュミナ

シーズン2
1話

サン モ ド チャル モッ トェ ソ キョ ス ニム ウォン マン ハ ミョン オッ ケ ヨ
산모도 잘못돼서 교수님 원망하면 어떡해요?
① ② ③ ④
産婦にも良くないことが起きて、先生が恨まれたらどうですか?

1
サン モ
산모
妊婦 / 産婦

2
チャル モッ トェ ダ
잘못되다
間違う / 誤る

3
キョ ス ニム
교수님
教授(様)

4
ウォン マン ハ ダ
원망하다
恨めしく思う / 恨む

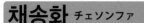

슬기로운 의사생활 - スルギロウン ウィサセンフヮル -

채송화 チェソンファ

シーズン2 11話

터지게 되면 **사망** **확률**이 **매우** **높습니다**
ト ジ ゲ トゥェミョン / サ マン / フヮン ニュ リ / メ ウ / ノプ スム ニ ダ
① ② ③ ④

破裂すると死亡する確率が非常に高いです

1) サ マン
사망
死亡

2) フヮンニュル
확률
確率

3) メ ウ
매우
非常に / とても / 大いに

4) ノプ タ
높다
（高さが）高い

채송화 チェソンファ

シーズン2 4話

더 **싸웠어야지** . **환자**분 **만약** **잘못됐다면** 그거 너 때문이야
ト / ッサ ウォッ ソ ヤ ジ / フヮン ジャ ブン / マ ニャク / チャル モッ トゥェッ タ ミョン / ク ゴ ノ ッテ ム ニ ヤ
① ② ③ ④

もっと戦えたわ。患者になにかあったらあなたのせいよ

1) ッサ ウ ダ
싸우다
争う / 喧嘩する

2) フヮン ジャ
환자
患者

3) マ ニャク
만약
万が一 / もしも

4)
㊂ 用言の語幹 + **았 / 었** 다면
アッ オッ タ ミョン
（もし）〜だったならば

お仕事ドラマ編

賢い医師生活 　医者

은지 모 ウンジモ

ア イ　ド　チャル　ポ　テョ　ジュ　ゴ　イッ　ス　ニッカ　オン　マ　ガ　キ　ウン　ネ　ヤ ジョ
아이도 잘 **버텨**주고 있으니까 **엄마**가 **기운** 내야죠
① ② ③ ④

子どもが頑張ってるんだから母親も元気を出さないと

1
ア イ
아이
子ども

2
ポ ティ ダ
버티다
持ちこたえる

3
オン マ
엄마
お母さん

4
キ ウン
기운
元気 / 気運

이익준 イイクジュン

シーズン2
12話

オ ヌル　バ メ　ウン グ　プ　ロ　カン　イ シク　ス スル　ハ ヌン　ゲ　チョ ウル　コッ カッ スム ニ ダ
오늘 **밤**에 **응급**으로 간 **이식 수술** 하는 게 좋을 것 같습니다
① ② ③ ④

今晩、緊急で肝移植の手術をしましょう

1
パム
밤
夜

2
ウン グプ
응급
応急

3
イ シク
이익
移植

4
ス スル
수술
手術

슬기로운 의사생활 - スルギロウン ウィサセンファル -

안정원 アンジョンウォン

イ　ビョンウォ ネ　チョ　マルゴ　ソ ア　スス ルハ ル ス　イン ヌン　サラ ミ　オプ ソ ソ ヨ
이 병원에 저 말고 소아 수술 할 수 있는 사람이 없어서요
　　① 　　②　　③ 　　　　　　　　　　　　④

この病院には僕以外に小児の手術をできる人がいないんですよ

1)
ビョンウォン
병원
病院

2)
マル ゴ
文 **名詞 + 말고**
～じゃなく / ～ではなく

3)
ソ ア
소아
小児

4)
ア　オソ ヨ
文 **用言の語幹 + 아 / 어서요**
～して / ～てです

CHECK IT! ✏ **連結語尾「-아서/어서」と「-고」の違い**

◇ -아서 / 어서 は、因果の意味を持ち、あることをし、それを受けての次の展開という表現で使われます。

◇ -고 は、単純に時間的な前後の出来事、複数の出来事が並んでいることを表します。

● 친구를 만나고 학교에 갔다.
　「友達に会ったこと」「学校に行ったこと」この2つの行動を順次的に表すが2つに関連性は無い。

● 친구를 만나서 학교에 갔다.
　「友達に会った」そして「（その友達と）学校に行った」前の行動が行われた後に行われる行為と関連性がある。

-아서 / 어서 より口語的な表現として、아 / 어 가지고 があり、会話ではよく出てきます。
しかし、-아서 / 어서 は口語・文語両方使えますが、아 / 어 가지고 は口語のみでしか使えません。

彼女はキレイだった 編集者

지성준 チソンジュン 2話

나가요, 그만 괜히 회의실 산소만 축내지 말고
ナ ガ ヨ　　　ク マン　クェ ニ　フェ イ シル　サン ソ マン　チュン ネ ジ　マル ゴ
① ② ③ ④

だったら出ていけ。無駄に会議室の酸素を減らすな

1)
나가다
ナ ガ ダ
出ていく

2)
괜히
クェ ニ
無駄に / わけもなく

3)
회의실
フェ イ シル
会議室

4)
축내다
チュン ネ ダ
足りないようにする / 減らす

지성준 チソンジュン 4話

괜찮다라는 뜻은 딱 하나입니다. 잘 팔린다
クェンチャン タ ラ ヌン　ットゥ スン　ッタク　ハ ナ イム ニ ダ　　チャル　パル リン ダ
① ② ③ ④

「いい」の意味はこの一点だけだ。売れるかどうか

1)
뜻
ットゥ
意味

2)
딱
ッタク
たった

3)
하나
ハ ナ
ひとつ

4)
팔리다
パル リ ダ
売れる

그녀는 예뻤다 - クニョヌン イェップダ -

지성준 チソンジュン

3話

혹시 **낙하산**이에요? **빽**으로 **들어왔** **냐고요**
① ② ③ ④

ホクシ ナカサン ニ エ ヨ ッペグロ トゥ ロ ワン ニャ ゴ ヨ

もしかしてコネ入社か？ 後ろ盾でもあるのか

1) ナカサン
낙하산
コネ入社 / 天下り

2) ッペク
빽
後ろ盾 / コネ

3) トゥ ロ オダ
들어오다
入ってくる

4) ヌ ニャゴ ハダ
文 動詞・存在詞 + (ㄴ) 냐고 하다
〜かという / 〜なの？ / だって

지성준 チソンジュン

8話

다시 내 **눈앞**에 **나타나지** 마. 당신 **해고**야
① ② ③ ④

タシ ネ ヌ ナ ペ ナタナジ マ タン シン ヘ ゴヤ

二度と俺の前に現れるな。あなたはクビだ

1) ヌン
눈
目 / 眼

2) アプ
앞
前

3) ナ タ ナダ
나타나다
現れる

4) ヘ ゴ
해고
解雇

ロマンスは別冊付録 編集者

강단이 カンダニ 13話

シ ニプ サ ウォン ヨル ミョン ッポ ブ ミョン キョン ダン ニョ ヌン ア イェ アン ッポ バ
신입 사원 열 명 뽑으면 경단녀는 아예 안 뽑아
① ② ③ ④

新卒ですら選び抜かれるのに、経歴断絶女なんてありえないの

1
シ ニプ サ ウォン
신입 사원
新入社員

2
ポプ タ
뽑다
(ある中から) 選ぶ / 選び抜く

3
キョン ダン ニョ
경단녀
経歴断絶女性 / キャリアが途切れた女性

4
ア イェ
아예 + 否定文
そもそも / はなから

차은호 チャウノ 3話

ク ロ ダ シ ニプ チェ サ ジク ソ ッスンダ ヌ グ チョ ロム モッ タ ゲッ タ ゴ ウルミョン ソ
그러다 신입 쟤 사직서 쓴다, 누구처럼 못 하겠다고 울면서
① ② ③ ④

新人のあの子、辞表を持ち出すぞ。誰かさんみたいに泣きながら

1
シ ニプ
신입
新入

2
チェ
쟤
あの子

3
サ ジク ソ
사직서
辞表 / 退職届

4
ウル ダ
울다
泣く

로맨스는 별책부록 - ロメンスヌン ピョルチェクップロク -

배광수 ペグァンス

シ ジ プ ビョン イ ラ ゴ　シ ジ プ　ネ ソ　チュル パン サ　トン　ッカ ッカ　モン ヌン　ビョン　イッ ソ

시집병이라고 시집 내서 출판사 돈 깎아 먹는 병 있어
　　　　　　　　　　　　　①　　②　③　　　　④

詩集を出して出版社の金を減らす病気を持ってる

1) チュル パン サ
출판사
出版社

2) トン
돈
お金

3) ッカク タ
깎다
削る / 値引く

4) ビョン
병
病気

차은호 チャウノ

ム スン　ニ リ　ポ ロ ジョ ド　クェン チャ ナ　ネ ガ　マ ム リ ハル テ ニッカ　ナ ミド

무슨 일이 벌어져도 괜찮아 내가 마무리할 테니까 나 믿어
①　　②　　　　　　　　　　　　③　　④

何が起きても大丈夫。僕がサポートするから

1) ム スン ニル
무슨 일
どのようなこと / 何事

2) ポ ロ ジ ダ
벌어지다
(行為が伴う事が) 起きる、広がる

3) マ ム リ ハ ダ
마무리하다
仕上げる / 締めくくる

4) ㉛ 動詞の語幹 + ウル ル テ ニッカ
을 / ㄹ 테니까
~するから / ~だろうから

お仕事ドラマ編

それでも僕らは走り続ける 陸上選手&字幕翻訳者

기선겸 キソンギョム 1話

ネ タッ ハジ マルゴ クロケ マンドゥロ ノウン ナム タップ ト ヘ
네 탓하지 말고 그렇게 만들어 놓은 남 탓부터해
① ②   ③   ④

自分のせいじゃなく他人のせいにすればいい

1
タッ
탓
せい / ～のために

2
イッタ　　　　　ジ マルゴ
⊗ 動詞・있다の語幹＋지 말고
～しないで / ～せずに

3
マンドゥル ダ
만들다
作る

4
ナム
남
他人

서단아 ソダナ 7話

チョ モン ジョ トゥェ グ ナル ゲ ヨ シル ジャン ニム ド カル トゥエ ハ セ ヨ
저 먼저 퇴근할게요 실장님도 칼퇴하세요
①   ②   ③   ④

私、先に退勤します。室長も定時で上がってください

1
チョ
저
나（ナ）の謙譲語。私 / わたくし

2
トゥェ グ ナ ダ
퇴근하다
退勤する

3
シル ジャン ニム
실장님
室長（様）

4
カル トゥェ
칼퇴
定時退勤

※칼퇴근（カルトゥェグン）「定時退勤」の略

오미주&기선겸 オミジュ & キソンギョム

2話

タルリヌンゲ チゴビン ゴン オットン キブニエヨ スムチャン キブン
달리는 게 직업인 건 어떤 기분이에요? - 숨찬 기분
① ② ③ ④

仕事として走る気分は？ - 息苦しいです

1)
タルリダ
달리다
走る / 駆ける

2)
ヌン ゲ
㊛ **動詞・存在詞の語幹 + 는 게**
～しているのが

3)
チ ゴブ
직업
職業

4)
ス ミ チャ ダ
숨이 차다
息があがる / 息が苦しい

오미주 オミジュ

7話

ボニン ウィジ ロ クマンドゥ シン ゴット ア ニ ゴ ッチョッキョ ナ シン ゴ ナ ヨ
본인 의지로 그만두신 것도 아니고 쫓겨나신 거아요
① ② ③ ④

本人の意志で辞めたんじゃなくて追い出されたのね

1)
ボ ニン
본인
本人

2)
ウィ ジ
의지
意志

3)
ク マン ドゥ ダ
그만두다
辞める

4)
ッチョッキョ ナ ダ
쫓겨나다
追い出される

お仕事ドラマ編

明日

死神

구련 クリョン

10話

ヒュン ハ ジ　　アナ　　サル ギ ウィ ヘ ソ　　カン ジョ レッ トン　フン ジョ ギ ニッカ
흉하지 않아 . 살기 위해서 간절했던 흔적이니까
① ② ③ ④

忌まわしくなんかない。生きたくて、必死にもがいた痕じゃない

1)
ヒュン ハ ダ
흉하다
不吉だ / 忌まわしい

2)
キ ウィ ヘ ソ
⊗ **動詞の語幹 + 기 위해서**
~するために

3)
カン ジョ ラ ダ
간절하다
切実だ / 必死だ

4)
フン ジョク
흔적
痕跡

임룡구 イムリュング

2話

トップ ネ　　ウ リ　ティ メ　アム ナ リ　オ ドゥ ウォ ジョ　ボ リョッ チョ
덕분에 우리 팀의 앞날이 어두워져 버렸죠
① ② ③ ④

おかげでうちのチームの将来は絶望的ですよ

1)
トップ ネ
덕분에
おかげで

2)
ティム
팀
チーム

3)
アム ナル
앞날
将来

4)
ア オ ボ リ ダ
⊗ **動詞の語幹 + 아 / 어 버리다**
~してしまう

옥황 オクファン

5話

クジ カジ アナド トゥェヌン オムム ヨンヌンデ ナソン イユ ガ ムォ ヨッスルッカ
굳이 가지 않아도 되는 **업무**였는데, **나선 이유**가 뭐였을까?
① ② ③ ④

あなたが出るまでもない仕事だったのに、あえて行ったのはなぜ?

1)
クジ
굳이
あえて / 強いて

2)
オムム
업무
業務

3)
ナソダ
나서다
乗り出す / 前に出る

4)
イユ
이유
理由

최준웅 チェジュヌン

1話

ナド サウォンチュン カッコ シブタ ノムノム チャソソッスギ ヒムドゥルダ
나도 사원증 갖고 싶다. 너무너무 **자소서 쓰기 힘들다**
① ② ③ ④

僕も社員証が欲しい。履歴書を書くのはもう疲れた

1)
サ ウォンチュン
사원증
社員証

2)
チャソソ
자소서
자기소개서(自己紹介書)の略。

3)
キ
㊂ **用言の語幹 + 기**
~すること

4)
ヒムドゥルダ
힘들다
大変だ / しんどい

複雑すぎる！？ 韓国の家族・親族の呼び方

韓国ドラマを見ていると、「年上の男性＝お兄さん」を呼ぶにしても、女性が呼ぶと「오빠（オッパ）」だったり、男性が呼ぶと「형（ヒョン）」だったりと、呼び手の性別によって別の単語を覚えなければならないのは、韓国文化に触れるようになった人がまず混乱しやすいポイント。また、親族を呼ぶ際は、呼び手の性別に関わらず、父方、母方によって単語が異なってくるのでさらに複雑…。ここでは、家系図の形をとって家族・親族の呼び方を説明します。

＜家系図＞

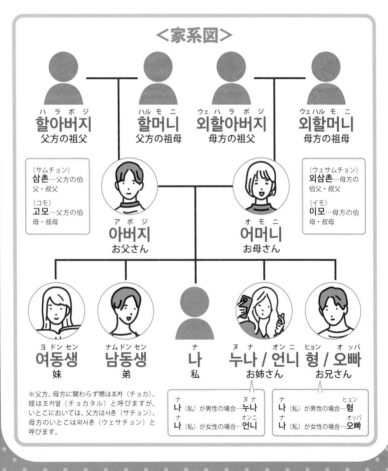

ハラボジ
할아버지
父方の祖父

ハルモニ
할머니
父方の祖母

ウェハラボジ
외할아버지
母方の祖父

ウェハルモニ
외할머니
母方の祖母

（サムチョン）
삼촌…父方の伯父・叔父
（コモ）
고모…父方の伯母・叔母

（ウェサムチョン）
외삼촌…母方の伯父・叔父
（イモ）
이모…母方の伯母・叔母

アボジ
아버지
お父さん

オモニ
어머니
お母さん

ヨ ドン セン
여동생
妹

ナムドンセン
남동생
弟

ナ
나
私

ヌ ナ　オンニ
누나 / 언니
お姉さん

ヒョン　オッパ
형 / 오빠
お兄さん

※父方、母方に関わらず甥は조카（チョカ）、姪は조카딸（チョカタル）と呼びますが、いとこにおいては、父方は사촌（サチョン）、母方のいとこは외사촌（ウェサチョン）と呼びます。

ナ
나（私）が男性の場合…**누나**
ヌ ナ
ナ
나（私）が女性の場合…**언니**
オンニ

ナ
나（私）が男性の場合…**형**
ヒョン
ナ
나（私）が女性の場合…**오빠**
オッパ

第3章

チグム チョナンダ . シンジャンイ トジョボリル コッ カタ
今、告白する。心臓が破裂しそう

恋愛ドラマ編

甘い言葉から思わず考えさせられる深いセリフまで…
恋愛ドラマのフレーズで韓国語を学ぼう！

恋愛ドラマ

ウ・ヨンウ弁護士は天才肌

이준호 イジュノ （12話）

사귀는 게 아니에요? 정말 참 너무 섭섭하네요
サグィヌン ゲ アニエヨ？ チョンマル チャム ノム ソプソパ ネヨ
① ②　　　　　　　　　　　　　　③　　④

付き合ってないと？それは、すごく寂しいこと言いますね

1) サグィダ
사귀다
付き合う

2) 文 動詞の語幹 + 는 게 아니다
ヌン ゲ アニラ
〜しているのではない

3) ソプソパダ
섭섭하다
心寂しい / 名残惜しい

4) 文 用言の語幹 + 네요
ネヨ
〜ですね / 〜ますね

이준호 イジュノ （9話）

좋아해요. 너무 좋아해서 제 속이 꼭 병 든 것 같아요
チョアヘヨ　 ノム チョアヘソ チェ ソギ ッコク ビョン トゥン ゴッ カタ ヨ
①　　　　　　　　②　　　　③　　　　　　④

好きです。好きすぎて、これじゃまるで病気です

1) チョ ア ハ ダ
좋아하다
好きだ

2) 文 用言の語幹 + 아 / 어서
ア　　 オソ
〜から / 〜ので

3) ソク
속
中 / 心 / 胸

4) 文 動詞の語幹 + ㄴ / 은 것 같다
ン ウン ゴッ ガタ
〜したようだ / 〜したみたいだ

이준호 イジュノ ⑪話

ネ ガ トゥェ ジュル ケ ヨ ピョノ サニム チョニョン ポ オン ウィ ジャ
내가 돼 줄게요. 변호사님 전용 포옹 의자
   ① ② ③   ④

僕がなります。あなた専用の抱擁椅子に

1
トゥェ ダ
되다
なる

2
ア オ ジュ ダ
ⓧ 動詞の語幹 + 아 / 어 주다
~してくれる / ~してあげる

3
ル ウル ケ ヨ
ⓧ 動詞・있다 の語幹 + ㄹ / 을게요
~しますね / ~しますから

4
チョニョン
전용
専用

恋愛ドラマ編

이준호 イジュノ ⑮話

チョ ヌン ニョ カ チ イッ キ マン ヘ ド ヘン ボ ケ ヨ
저는요 같이 있기만 해도 행복해요
  ① ② ③ ④

僕は一緒にいるだけで幸せです

1
ウン ヌン ニョ
ⓧ 代名詞・名詞 + 은 / 는요
~はね / ~はですねぇ

2
カ チ
같이
一緒に

3
イッ タ
있다
ある

4
キ マン ハ ダ
ⓧ 用言の語幹 + 기만 하다
~であるだけだ / ~してばかりいる

67

二十五、二十一

백이진 ペクイジン (9話)

왜 ? 또 내가 싫어 ? 질투 나 ? 뭔데 ?
① ② ③ ④
ウェ ット ネ ガ シ ロ チル トゥ ナ ムォン デ

なんだよ。また「嫌い」だと？ それとも嫉妬か？

1 ウェ
왜
なぜ

2 ット
또
また

3 シル タ
싫다
嫌い

4 チル トゥ ナ ダ
질투 나다
嫉妬心がわく / やきもちを妬く

나희도 ナヒド (13話)

선 똑바로 그어 . 그 전엔 안 가
① ② ③ ④
ソン ットッ パ ロ ク オ ク ジョ ネン アン ガ

はっきり線を引いて。それまで離れない

1 ソ ヌル クッ タ
선을 긋다
線をひく / 境を決める

2 ットッ パ ロ
똑바로
まっすぐに / ちゃんと

3 ク ジョ ネン
그전엔
その前には

4 アン
⊗안 + 動詞・形容詞
〜しない / 〜ない

※カジュアルな場面でよく使われます

68

나희도 ナヒド

16話

우리 .. 서로한테 중요한 사람이잖아
① ② ③ ④

ウリ ソロ ハンテ チュンヨ ハン サラ ミ ジャ ナ

私たち、互いに大切な存在でしょ

1) ソロ
서로
お互い

2) ハン テ
한테
〜に

※人や動物など生き物に対して使用

3) チュン ヨ ハ ダ
중요하다
重要だ

4) ㊊ 用言の語幹 + 잖아
ジャ ナ
〜でしょ

백이진 ペクイジン

6話

첫사랑 하기 딱 좋은 나이다 , 열아홉
① ② ③ ④

チョッ サラン ハ ギ ッタク チョ ウン ナ イ ダ ヨ ラ ホプ

19 歳は初恋をするのにもってこいの年齢だ

1) チョッ サ ラン
첫사랑
初恋

2) ㊊ 用言の語幹 + 기
キ
〜すること

3) ナ イ
나이
年齢 / 年

4) ヨ ラ ホプ
열아홉
19

気象庁の人々：社内恋愛は予測不能?!

진하경 チンハギョン ⑩話

결혼이 **아니라면** 과연 이 연애의 **끝**엔 뭐가 **있을까**?

キョロニ アニラミョン クヮヨン イ ヨネ エック テン ムォガ イッスルッカ

結婚じゃないなら、恋愛の果てには何があるのかな

1)
キョ ロン
결혼
結婚

2)
ア ニ ラ ミョン
아니라면
ではない（という）なら

3)
クッ
끝
終わり / 端 / 先

4)
ル ウルッカ
Ⓧ用言の語幹 + ㄹ/을까
～しようか？/だろうか？

이시우&채유진 イシウ&チェユジン ⑦話

대체 왜 **헤어지자**는 건데? - **지겨워**

テ チェ ウェ ヘ オジ ジャ ヌン ゴンデ チ ギョ ウォ

なぜだ。別れる理由は何? - うんざりよ

1)
テ チェ
대체
一体 / そもそも

2)
ヘ オ ジ ダ
헤어지다
別れる

3)
ヌン ゴン デ
Ⓧ動詞の語幹 + 는 건데?
～つもりなのか？

4)
チ ギョプ タ
지겹다
飽きる / うんざりする

이시우 *イシウ*

내가 **얼마나** **걱정** **했는지** **알아**요？
ネ ガ オルマ ナ コク チョン ヘン ヌン ジ ア ラ ヨ
① ② ③ ④

僕がどれだけ心配したかわかるか？

1) 얼마나
オルマ ナ
どれほど / どのくらい

2) 걱정
コク チョン
心配

3) 文 動詞・存在詞の語幹 + 는지
ヌン ジ
～するのか

4) 알다
アル ダ
分かる

진하경 *チンハギョン*

난 **두 번 다시** **공개** **사내 연애** **같은 거** **안 해**
ナン トゥ ボン タ シ コン ゲ サ ネ ヨ ネ ガ トゥン ゴ ア ネ
① ② ③ ④

もう二度と社内恋愛をオープンにしない

1) 두번 다시
トゥ ボン タ シ
もう二度と

2) 공개
コン ゲ
公開

3) 사내 연애
サ ネ ヨ ネ
社内恋愛

4) 안 하다
アン ハ ダ
しない

恋愛ドラマ編

71

その年、私たちは

국연수 クク ヨンス 15話

ナン イ ロ ケ ヘン ボ カ ミョン ッコク プ ラ ネ ジ ドラ
난 이렇게 행복하면 꼭 불안해지더라
① ② ③ ④

あまりに幸せだと不安になるんだよね

1
イ ロ ケ
이렇게
こんなに / このように

2
ヘン ボ カ ダ
행복하다
幸せだ

3
プ ラ ネ ジ ダ
불안해지다
不安になる

4
ドラ
文 用言の語幹 + 더라
~だったよ / ていたよ

※自分の経験を回想する

국연수 クク ヨンス 6話

ネ ガ ポ リル ス イン ヌン ゴ ノ バッケ オプ ソ
내가 버릴 수 있는 거 너밖에 없어
① ② ③ ④

私が捨てられるのはあなただけ

1
ポ リ ダ
버리다
捨てる

2
ル ウル ス イッ タ
文 動詞の語幹 + ㄹ / 을 수 있다
~することができる

3
ゴ
거
もの

4
オプ タ
없다
ない / いない

※「것」の略語

국연수 ククヨンス 13話

오늘 데이트 다 망쳤다 - 다시 하면 되지

オヌル デイトゥ タ マンチョッタ タシ ハミョントゥェジ
① ② ③ ④

デートが台無しね - やり直せばいい

1)
데이트
デイトゥ
デート

2)
망치다
マンチダ
台無しにする

3)
㊛ 動詞・存在詞の語幹 + (으)면 되다
　　　　　　　　　　ウ ミョントゥェダ
~すればいい

4)
㊛ 用言の語幹 + 지
　　　　　　　　ジ
~でしょ？ / ~だよ

국연수 ククヨンス 10話

큰일 났어요. 그거 맞나 봐요. 짝사랑

クニル ナッソ ヨ クゴ マンナ ブワ ヨ ッチャク サラン
①　　　　　　　　②　　③　　　④

大変です。当たってました。片想い

1)
큰일이 나다
クニリ ナダ
困ったことになる

2)
맞다
マッタ
合う / 当たる

3)
㊛ 動詞・存在詞の語幹 + 나 보다
　　　　　　　　　　ナ ボダ
~ようだ / みたいだ

4)
짝사랑
ッチャク サ ラン
片想い

※것 같다 は根拠などがない場合に使われます。

社内お見合い

강태무 カンテム ③話

어차피 내가 진짜 남자 친구도 아니고
オ チャ ピ　ネ ガ　チン ッチャ　ナム ジャ チン グ ド　ア ニ ゴ

① ② ③ ④

どうせ僕は本当の彼氏ではないし

1)
어차피
オ チャ ピ
どうせ / どのみち

2)
진짜
チン ッチャ
本物 / 本当

3)
남자 친구
ナム ジャ　チン グ
彼氏

4)
㊆名詞 + 도 아니고
ド　ア ニ ゴ
〜じゃあるまいし / でもあるまいし

강태무 カンテム ⑪話

남친이랑 통화하는데 하품까지 하고 너무하네
ナム チ ニ ラン　トン フヮ ハ ヌン デ　ハ ブム ッカ ジ　ハ ゴ　ノ ム ハ ネ

① ② ③ ④

彼氏と電話してるのにあくびだなんてひどいですね

1)
남친
ナム チン
「남자 친구（彼氏）」の略

2)
통화하다
トン フヮ ハ ダ
通話する

3)
하품
ハ ブム
あくび

4)
너무하다
ノ ム ハ ダ
ひどい / あんまりだ

강태무 カンテム

1話

チョ チョルッテ マッソン ガ トゥン ゴ アン ブヮ ヨ
저 절대 맞선 같은 거 안 봐요
① ② ③ ④

僕は絶対に見合いはしません

1) チョ
저
나（ナ）の謙譲語。私 / わたくし

2) チョルッテ
절대
絶対

3) マッ ソ ヌル ポ ダ
맞선을 보다
お見合いをする

4) ア オ ヨ
文 用言の語幹 + 아 / 어요
～です / ～ます ＊보＋아요→봐요

※ "맞선"を縮めて"선"とも言います

강태무 カンテム

7話

コ ジョ ラ ミョン ット コ ベ カ ゴ ケ ソッ コ ベ カル コム ニ ダ
거절하면 또 고백하고 계속 고백할 겁니다
① ② ③ ④

断られても何度でも告白します

1) コ ジョ ラ ダ
거절하다
断る / 拒絶する

2) コ ベ カ ダ
고백하다
告白する

3) ケ ソッ
계속
ずっと / 続けて

4) ル ウル コム ニ ダ
文 用言の語幹 + ㄹ / 을 겁니다
～ます / するつもりです

恋愛ドラマ編

75

39歳

정찬영 チョンチャニョン

イ エ メ ハン デ ッチャ ナン クァン ゲ チョン ニ へ ボ リョ ゴ

이 애매한데 짠한 관계 **정리해** 보려고
　　①　　　　②　　③　　　　　④

曖昧で切ない関係を終わらせるわ

1
エ メ ハ ダ

애매하다

曖昧だ

2
ッチャ ナ ダ

짠하다

胸が痛い

3
クァン ゲ

관계

関係

4
ウ リョゴ

🄯**動詞の語幹 + (으) 려고**

～しようと / ～しようと思って

정찬영 チョンチャニョン

ネ ガ ハ ミョン ロ メン ス ナ ミ ハ ミョン プル リュン

내가 하면 로맨스 **, 남**이 하면 불륜
　　①　　　②　　　　③　　　　④

自分がすればロマンス、他人がすれば不倫

1
ウ ミョン

🄯**用言の語幹 + (으) 면**

～なら / ～であれば

2
ロ メン ス

로맨스

ロマンス

3
ナム

남

他人

4
プル リュン

불륜

不倫

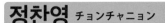

서른, 아홉 - ソルン アホプ -

정찬영 チョンチャニョン

4話

ナ　イジェ　オッパ　ガ　クニャン，クニャン　チ ノッパ　カタ．アン ソルレ
나 이제 오빠 가 그냥, 그냥 친오빠 같아 . 안 설레
　　　　　　①　　　　　　　　　②　　③　　　④

今ではあなたを実の兄のように思ってる。ときめかない

1)
オ ッパ
오빠
女性から見た実のお兄さん / 親しい年上の男性

2)
チ ノッパ
친오빠
実の兄

3)
文 名詞 + ガッタ같다
~のようだ / ~みたいだ 〈比喩表現〉

4)
ソル レ ダ
설레다
ときめく

차미조 チャミジョ

2話

ヨル　サル　チャイ　ア ニ ミョン　ヨ ナ　ア ニ ヤ ?
열 살 차이 아니면 연하 아니야 ?
　①　②　　　　　　　③　　④

10歳くらい年下じゃない？

1)
サル
살
歳

2)
チャイ
차이
差

3)
ヨ ナ
연하
年下

4)
ア ニ ヤ
아니야 ?
~じゃない？

恋愛ドラマ編

77

田舎街ダイアリーズ

안자영 アンジャヨン （12話）

ナ チン ッチャ オム チョン チプ チャ カル コ エ ヨ
나 진짜 엄청 집착할 거예요
① ② ③ ④

私、マジで本当に執着しますよ

1)
チン ッチャ
진짜
ホントに / マジ

2)
オム チョン
엄청
ものすごく / 甚だしく

3)
チプ チャ カ ダ
집착하다
執着する

4)
ル ウル コ エ ヨ
文 用言の語幹 + ㄹ / 을 거예요
〜ます / するつもりです

안자영 アンジャヨン （11話）

ウ リ エ チン カ トゥン ゴ マン ドゥル ッカ ヨ
우리 애칭 같은 거 만들까요?
① ② ③ ④

私たち、あだ名みたいなの作ります？

1)
ウ リ
우리
私たち

2)
エ チン
애칭
愛称 / ニックネーム

3)
マン ドゥル ダ
만들다
作る

4)
ル ウル ッカ ヨ
文 用言の語幹 + ㄹ / 을까요
〜でしょうか / 〜ましょうか

최민 チェミン

アン ミッキ ゲッ チマン トゥエ ゲ タ ジョン ハン ナム ジャ チン グ ヨッ コ ドゥ ニョ

안 믿기겠지만 되게 다정한 남자친구였거든요
①　②　③　④

信じられないだろうけどすごくやさしい彼氏だったの

1
ミッキ ダ
믿기다
信じられる

※ほとんど受身で使われる

2
チマン
㉛ **用言の語幹 + 지만**
～だけど / ～だけれど

3
タ ジョン ハ ダ
다정하다
思いやりがある / 優しい

4
コ ドゥン ニョ
㉛ **用言の語幹 + 거든요**
～なんですよね / ～なんです

한지율 ハンジユル

チャック ネ ヌン ピ ハ ヌン ゴ カ トゥン デ キ ブン タ シン ガ

자꾸 내 눈 피하는 거 같은데 기분 탓인가?
①　②　③　④

目が合わないようだけど、気のせいかな

1
ヌ ヌル ピ ハ ダ
눈을 피하다
目を避ける / 目をそらす

2
ヌン ゴッ ガ タ
㉛ **動詞の語幹 + 는 것 같다**
～てるようです / ～てると思います

3
キ ブン
기분
気分

4
タ シ ダ
㉛ **名詞 + 탓이다**
～のせいだ

恋愛ドラマ 8

私の解放日誌

염기정 ヨムギジョン　⑺話

나 , 너무너무 말하고 싶어 . 사귀자고 , 당장
ナ　ノム　ノム　マラ　ゴ　シ　ボ　サグィ　チャ　ゴ　タン　ジャン
①　　②　　　③　　　　④

「私と付き合おう」って今すぐ伝えたい

1) 너무
ノム
とても

2) 말하다
マ　ラ　ダ
言う

3) ⓧ 動詞・있다の語幹 + 고 싶다
イッタ　　　　ゴ　シプ　タ
〜したい

4) ⓧ 動詞・있다の語幹 + 자고
イッタ　　　　チャ　ゴ
〜しようと

염창희 ヨムチャンヒ　⑴話

어디서 키스를 해요 , 남녀가 !
オ　ディ　ソ　キ　ス　ルル　ヘ　ヨ　ナム　ニョ　ガ
①　　②　　　③　　　④

どこでキスをするんです、男女が！

1) 어디서
オ　ディ　ソ
どこで

2) 키스
キ　ス
キス

3) 하다
ハ　ダ
する

4) 남녀
ナム　ニョ
男女

염미정 ヨムミジョン （16話）

マ ウ メ　サ ラン　パッ ケ　オプソ　　ク レソ　ヌッキル ケ　サ ラン パッ ケ　オプソ
마음에 사랑밖에 없어. 그래서 느낄 게 사랑밖에 없어
①　　②　　③　　　　　　　　④

心の中に愛しかないわ。だから、愛しか感じない

1)
マ ウム
마음
心 / 気持ち

2)
サ ラン
사랑
愛

3)
　　　　　　パッ ケ
文 **名詞 + 밖에**
〜しか（ない）

4)
ヌ ッキ ダ
느끼다
感じる

CHECK IT!

理由を表す「-아서/어서」と「-(으)니까」の違い

◇ -아서/어서 は、日本語の「なので」にあたり、客観的な事実を淡々と話すイメージ。
◇ -(으)니까 は、日本語の「だから」にあたり、主観的な判断を前面に押し出して話すイメージ。

● 많이 먹어서 배불러요.
　たくさん食べた状態なので、お腹がいっぱいということ、淡々と述べています。

● 많이 먹었으니까 배불러요.
　たくさん食べたから自分はお腹いっぱいだと、相手に理解を求めるニュアンスが入ります。

過去形の(으)니까は言い方によっては、キツい言い方になるので気をつけましょう。
そして、아서/어서は過去のことでも現在形！

恋愛ドラマ 9

愛の不時着

윤세리 ユンセリ（3話）

아니면 뭐 피아노 치는 여친이라도 있나요?
アニミョン ムォ ピアノ チヌン ヨチニラド インナヨ
① ② ③ ④

それとも何？ピアノを弾く恋人が？

1) 아니면
アニミョン
それとも

2) 여친
ヨチン
「여자 친구（彼女）」の略

3) ㊝ 名詞 +（이）라도
イ ラド
〜でも

4) ㊝ 動詞・存在詞の語幹 + 나요？
ナ ヨ
〜なのですか？ / 〜でしょうか？

윤세리 ユンセリ（6話）

리정혁 씨, 나한테 반하지 마요 나 곤란해
リ ジョンヒョク ッシ ナ ハンテ パナジ マヨ ナ コルラネ
① ② ③ ④

リ・ジョンヒョクさん、私に惚れないでね。困るわ

1) 나
ナ
私

2) 반하다
パ ナ ダ
惚れる

3) ㊝ 用言の語幹 + 지 마요
ジ マ ヨ
〜しないでね

4) 곤란하다
コル ラ ナ ダ
困る

리정혁 リジョンヒョク (9話)

당신이 외롭지 않길 바라는 내가 항상 있소
① ② ③ ④

タン シニ ウェ ロプ チ アン キル バ ラ ヌン ネ ガ ハン サン イッ ソ

君が寂しくないように、いつも思ってる

1) 당신
タン シン
あなた

2) 외롭다
ウェ ロプ タ
寂しい / 心細い

3) ㊛ 動詞・形容詞の語幹 + 지 않다
チ アンタ
～しない / ～くない

4) ㊛ 用言の語幹 + 길 바라다
キル バ ラ ダ
～を望む / ～なことを願う

리정혁 リジョンヒョク (11話)

좋은 사람만 가슴에 품고 사시오
① ② ③ ④

チョ ウン サ ラム マン カ ス メ プム コ サ シ オ

好きな人だけを思って生きてください

1) 좋다
チョ タ
良い / 優れてる / 好き

2) 사람
サ ラム
人

3) 가슴에 품다
カ ス メ プム タ
胸に抱く

4) ㊛ 動詞の語幹 + (으)시오
ウ シオ
～してください

※세요の古語の形

恋愛ドラマ編

83

梨泰院クラス

박새로이　パクセロイ (6話)

イ ギ ジョク ギン ゴン ナ ヤ ハン サン ナ マン セン ガ ケッ ソ
이기적인 건 **나야**. **항상** 나만 **생각했**어
① ② ③ ④

身勝手だった。いつも自分のことだけ考えてた

1 イ ギ ジョク
이기적
わがままだ / 自分勝手だ

2 ㊂名詞 + (이) 야
~だよ / ~なの

3 ハン サン
항상
常に / いつも

4 セン ガ カ ダ
생각하다
考える / 思う

조이서　チョイソ (11話)

チ グム チョ ナン ダ シム ジャン イ ト ジョ ボ リル コッ カ タ
지금 **전한다**. **심장**이 **터져버**릴 것 같아
① ② ③ ④

今、告白する。心臓が破裂しそう

1 チョ ナ ダ
전하다
伝える

2 シム ジャン
심장
心臓

3 ト ジ ダ
터지다
裂ける / 破裂する

4 ㊂用言の語幹 + ㄹ / 을 것 같다
ル ウル コッ カッ タ
~しそうだ / ~みたいだ

박새로이 パクセロイ

14話

トン セン イ チョア ハ ヌン ヨ ジャ　マ ウ ミ セン ギョ ド チョ ボ ヤ ゲッチ
동생이 좋아하는 **여자**. 마음이 **생겨**도 **접어**야겠지
① ② ③ ④

弟の好きな女だ。気持ちがあっても諦めるべきだよな

1)
トン セン
동생
年下の兄弟/実際に血のつながりのない弟分や妹分

2)
ヨ ジャ
여자
女 / 女子

3)
セン ギ ダ
생기다
生じる / できる

4)
チョ プ タ
접다
諦める / 引っ込める

박새로이 パクセロイ

1話

ノ チュン ブ ニ モッ チョ　トゥェ ゲ イェッ プ ゴ
너 **충분히 멋져**. **되게 예쁘**고
① ② ③ ④

お前、十分かっこいいよ。すごくかわいいし

1)
チュン ブ ニ
충분히
十分に

2)
モッ チ ダ
멋지다
素敵だ / かっこいい

3)
トゥェ ゲ
되게
すごく / とても

4)
イェッ プ ダ
예쁘다
キレイだ / 可愛い

恋愛ドラマ編

わかっていても

양도혁 ヤンドヒョク

8話

クロム チャ ラ リ ト シル マン ハ ゲ マン ドゥ ロ ジュオ
그럼 차라리 더 실망하게 만들어 줘
①   ②   ③   ④

だったらむしろもっとガッカリさせてくれ

1)
チャ ラ リ
차라리
むしろ / いっそ

2)
ト
더
さらに / より

3)
シル マン ハ ダ
실망하다
失望する

4)
ケ マンドゥル ダ
⊗ 用言の語幹 + 게 만들다
～させる / ように作る / 仕向ける

유나비 & 양도혁 ユナビ&ヤンドヒョク

6話

ヨ ネ チョム ヘ ブワン ナ ブァ ア ネ ブワンヌン デ モ ソ リ ラ ゴ
연애 좀 해 봤나 봐 ? - 안 해 봤는데 ? - 모솔이라고 ?
①   ②   ③   ④

恋愛上級者でしょ。- 経験ないんだけど。- 母体ソロ（一度もない）？

1)
ヨ ネ
연애
恋愛

2)
ヘ ボ ダ
해 보다
やってみる / してみる

3)
ヌン デ
⊗ 動詞・存在詞の語幹 + 는데
～なんだけど / ～なんですけど

4)
モ ソル
모솔
모태솔로（モテソルロ）の略

※ "모태솔로" とは彼氏、彼女がこれまでに一度もいなかった人をいう。

유나비 ユナビ （8話）

ウェ　バラム　ピ　ウ　ヌン　　キ　ブ　ニ　トゥ　ヌン　　ゴルッカ
왜 바람피우는 기분이 드는 걸까
① ② ③ ④

どうして浮気してる気分になるんだろう

1)
ウェ
왜
なぜ / どうして

2)
パ　ラム　ル　ピ　ウ　ダ
바람을 피우다
浮気をする

3)
キ　ブ　ニ　トゥル　ダ
기분이 들다
気がする / 気持になる

4)
ヌン　ゴルッカ
文 動詞・存在詞の語幹＋는 걸까
～するのでしょうか？ / だろうか？

박재언 パクジェオン （2話）

ノ　ラン　　サン　グァン　オン　ヌン　　イ　リ　ニ　ッカ　　シン　ギョン　ッス　ジ　　マ
너랑 상관없는 일이니까 신경 쓰지 마
① ② ③ ④

君とは関係ないから気にするな

1)
サン　グァン　オプ　タ
상관없다
関係ない / 関わりない

2)
イル
일
こと / 用事

3)
ウ　ニ　ッカ
(으)니까
～だから / ～するから

4)
シン　ギョン　ウル　ッス　ダ
신경을 쓰다
気を遣う / 気にする

恋愛ドラマ編

87

12

トッケビ

김신 キムシン

13話

널 **만나** 내 **생**은 , **상이었다**
① ② ③ ④

ノル マンナ ネ センウン サンイオッタ

君と過ごした日々は褒美だった

1) 만나다
マンナダ
会う / 出会う

2) 생
セン
生 / 人生

3) 상
サン
ご褒美

4) ☆名詞 + 이었 / 였어요
イオッ ヨッソヨ
~でした

유덕화 ユドクファ

3話

근데 **의외로** **둘이** **알콩달콩** **잘 지내**는 거 있지
① ② ③ ④

クンデ ウィウェロ トゥリ アルコンダルコン チャル チネヌン ゴ イッチ

でも2人は意外と仲良くやってるとこがあるでしょ

1) 의외로
ウィウェロ
意外に / 思ったより

2) 둘이
トゥリ
二人

3) 알콩달콩
アルコンダルコン
イチャイチャ / 仲良く

4) 잘 지내다
チャル チネダ
元気に過ごす / うまくやってる

88

지은탁＆김신 チウンタク＆キムシン (15話)

ムォル チャ ム シ ヌン デ ヨ　ソン ジャプッコ シブッコ アン コ シブッコ　ク ロン ゴ ヨ
뭘 참으시는데요? - 손 잡고 싶고 안고 싶고 ... 그런 거요
① ② ③ ④

何を我慢してるんですか？ - 手を繋いだり抱きしめたりすること

1)
チャ ム タ
참다
我慢する / こらえる

2)
ヌン デ ヨ
文 **動詞・存在詞の語幹 + 는데요?**
〜でしょうか？ / 〜のですか？

3)
ソ ヌル ジャプッタ
손을 잡다
手をつなぐ

4)
アン タ
안다
抱く / 抱える

김신 キムシン (6話)

ノ ワ ハムケ ハン シ ガン モ ドゥ ヌン ブ ショッ タ
너와 함께 한 시간 모두 눈부셨다
① ② ③ ④

君と過ごした時間はすべて眩しかった

1)
ハム ケ ハ ダ
함께하다
共にする / 共に過ごす

2)
シ ガン
시간
時間

3)
モ ドゥ
모두
すべて / みんな

4)
ヌン ブ シ ダ
눈부시다
眩しい

恋愛ドラマ編

キム秘書はいったい、なぜ?

이영준 イヨンジュン 〔7話〕

イ ジェ　クマン　ポティゴ　ナ ハンテ　シジプ ワ
이제 그만 버티고 나한테 시집와
① ② ③ ④
耐えるのはやめてもう俺の妻になれ

1
イ ジェ
이제
もう / もうすぐ

2
クマン
그만
それくらいに（する）/ その程度で

3
ポ ティ ダ
버티다
耐える / 辛抱する

4
シ ジプ オ ダ
시집오다
嫁に来る

김미소 キムミソ 〔3話〕

ソ ゲ ティン　ナ ワッス ミョン　ソ ゲ ティン エ　チプッチュン ヘ　ヤ ジ
소개팅 나왔으면 소개팅에 집중해야지
① ② ③ ④
デートに来たんだから集中しなくちゃ

1
ソ ゲ ティン
소개팅
紹介 / 出会いの場

2
ナ オ ダ
나오다
出てくる

※「소개（紹介）」＋ meeting の팅（ting）で소개팅

3
チプッチュン ハ ダ
집중하다
集中する

4
ア　オ ヤ ジ
㊇**用言の語幹＋아 / 어 야지**
〜しなくては / 〜しなきゃ

김비서가 왜 그럴까 - キムビソガ ウェ クロッカ -

김미소 キムミソ (15話)

지아 씨는 누구 없어요? 썸타는 남자라도?
① ② ③ ④

ジアさんは誰かいないの？気になってる男性とか

1) 씨
~さん

2) 누구
誰 / 誰か

3) 썸타다
いい感じだ / 脈がある *これから恋に発展しそうな状況

4) 남자
男 / 男子

이영준&김미소 イヨンジュン&キムミソ (16話)

유부녀 - 유부남 - '멋진' 이 빠졌잖아 난 멋진 유부남이 될 거야
① ② ③ ④

人妻よ。- 妻帯者さん。-「素敵な」が抜けてる。俺は素敵な妻帯者になる

1) 유부녀
人妻 / 既婚女性

2) 유부남
妻帯男性 / 既婚男性

3) 文 用言の語幹 + 잖아
~じゃない / ~じゃんか

4) 文 動詞の語幹 + ㄹ / 을 거야
~するよ！ / ~つもりだよ！

恋愛ドラマ編

よくおごってくれる綺麗なお姉さん

서준희 & 윤진아 ソジュニ＆ユンジナ
5話

손 왜 잡았어? - 손이 거기 있어서. 왜? 싫었어?
ソン ウェ チャ バッ ソ　ソ ニ コ ギ イッソ ソ　ウェ　シ ロッ ソ
① ② ③ ④

なんで手を握った？-そこに手があったから。何よ、嫌だった？

1)
손
ソン
手

2)
잡다
チャプ タ
つなぐ

3)
거기
コ ギ
そこ

4)
싫다
シル タ
嫌だ

서준희 ソジュニ
7話

보고 싶어서 눈 빠지는 줄 알았네
ボ ゴ シ ポ ソ　ヌン ッパ ジ　ヌン チュル ア ラン ネ
① ② ③ ④

ものすごく会いたかったよ

1)
보다
ボ ダ
会う / 見る

2)
눈이 빠지게 기다리다
ヌ ニ ッパ ジ ゲ キ ダ リ ダ
首を長くしてまつ

3)
文 動詞・存在詞の語幹＋는 줄 알다
ヌン ジュル アル ダ
〜だと思う / すると思う

4)
文 用言の語幹＋네
ネ
〜だね / だよ

밥 잘 사주는 예쁜 누나 - パプ チャル サジュヌン イェップン ヌナ -

서준희 ソジュニ

17話

イ ロ ルッテ ボ ミョン ナ ボ ダ ハン チャム オ リン トン セン カ テ
이럴 때 보면 나 보다 한참 어린 동생 같애
① ② ③ ④

こういうときは僕より遥かに幼い妹みたい

1 イ ロ ルッテ
이럴 때
こういう時

2 ㉝名詞 + 보다 ^{ボダ}
～より

3 ハン チャム
한참
しばらく / はるかに

4 オ リ ダ
어리다
幼い

※会話では같아 (カタ) を같애 (ケテ) と発音する人が多い

윤진아 ユンジナ

24話

ナル ウィ ヘ ソ ラ ヌン ゴン ニ ピン ゲ ヨッ トン コ ジャナ ア ニ ヤ
날 위해서라는 건 네 핑계였던 거잖아 , 아니야 ?
① ② ③ ④

私のためなんてただの言い訳でしょ？違う？

1 ㉝名詞+을 / 를 위해서 ^{ウル ルル ウィ ヘ ソ}
～のために

2 ㉝名詞 + (이) 라는 ^{イ ラ ヌン}
～っていう / ～という

3 ネ (ニ)
네
君 / あなた / 君の / あなたの

4 ピン ゲ
핑계
言い訳

※例文では네 (ネ) と書いてあっても니 (ニ) と発音してることが多い

恋愛ドラマ編

ロマンスは別冊付録

은호 ウノ （14話）

누나 나 오늘은 여기서 자면 안 돼?
① ② ③ ④
ヌナ ナ オ ヌルン ヨ ギソ チャミョン アン ドゥェ

ヌナ、今日はここで寝てもいい？

1
누나
ヌ ナ
男性から見た実のお姉さん / 親しい年上の女性

2
나
ナ
僕

3
자다
チャ ダ
寝る

4
안 되다
アン ドゥェ ダ
ダメだ

은호 ウノ （15話）

자꾸 그렇게 쳐다보면 확 입 맞춰 버린다?
① ② ③ ④
チャック クロケ チョダ ボミョン フゥク イブ マッチュォ ボ リン ダ

そんなに何度も見るとキスしちゃうぞ

1
자꾸
チャック
しきりに / 何度も

2
그렇게
ク ロ ケ
そんなに / そうやって

3
쳐다보다
チョ ダ ボ ダ
見つめる / 見上げる

4
입을 맞추다
イ ブル マッ チュ ダ
口づけする / 口を合わせる

94

은호 ウノ (10話)

ヌ ナ ルル オン ジェ ブ ト チョ ア ハ ゲ トゥェン ヌン ジ ナ モル ラ
누나를 언제부터 좋아하게 됐는지 나 몰라
① ② ③ ④

ヌナをいつから好きかなんてわからないよ

1) 언제
オン ジェ
いつ

2) 부터
ブ ト
～から（時間・場所）

3) ⽂ 動詞・形容詞の語幹 + 게 되다
ゲ トゥェ ダ
～するようになる /～になる

4) 모르다
モ ル ダ
わからない / 知らない

강단이 カンダニ (7話)

チョ イ ホ ネッ ソ ヨ サ シル ン チョ エ ド イッ ソ ヨ
저 이혼했어요 . 사실은 저 애도 있어요
① ② ③ ④

離婚したんです。実は子どももいるんですよ

1) 이혼하다
イ ホ ナ ダ
離婚する

2) 사실
サ シル
実は / 事実

3) 애
エ
子ども / 赤ちゃん

4) 도
ド
～も（添加の意味）

恋愛ドラマ編

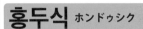

恋愛ドラマ 16

海街チャチャチャ

홍두식 ホンドゥシク 9話

사실 저 치과랑 그냥 동네 친구 사이예요
サ シル チョ チ グヮ ラン ク ニャン トン ネ チン グ サ イ イェ ヨ
①그냥 ②동네 ③친구 ④사이

実際、歯科医とはただの友達なんです

1 그냥
ク ニャン
ただの

2 동네
トン ネ
町 / 町内

3 친구
チン グ
友達

4 사이
サ イ
関係 / 仲

윤혜진 ユンヘジン 16話

내일 당장 청혼할 거야 . 내일은 좀 빠른가 ?
ネ イル タン ジャン チョン ホ ナル コ ヤ ネ イルン チョム ッパ ルン ガ
①당장 ②청혼할 ③좀 ④빠른

明日すぐにプロポーズする。明日は早すぎかな？

1 당장
タン ジャン
すぐ / ただちに

2 청혼하다
チョン ホ ナ ダ
プロポーズする / 求婚する

3 좀
チョム
ちょっと / 少し

4 빠르다
ッパ ル ダ
早い / 速い

윤혜진 ユンヘジン (5話)

トン ネ エ / ソ ムン / タ ナッ ソ / オ ジェッ パム ウリ ガ / トン チ メッ タ ゴ
동네에 소문 다 났어. 어젯밤 우리가 ... 동침했다고
① ② ③ ④

噂が広がった。昨夜私たちが寝たって

1
ソ ム ニ ナ ダ
소문이 나다
噂が広がる / 噂が立つ

2
オ ジェッ パム
어젯밤
昨夜 / 昨日の夜

3
トン チ ム ハ ダ
동침하다
共寝する / 枕を並べる

4
アッ オッタ ゴ
㊋ 用言の語幹 + 았 / 었다고
~だったと / だって

홍두식 ホンドゥシク (12話)

イ / マルン ネガ / モン ジョ / ヘ ヤ ゲッタ ユン ヘ ジン サラン ヘ
이 말은 내가 먼저 해야겠다 . 윤해진 사랑해
① ② ③ ④

この言葉は俺が先に話さないとな。ユンヘジン、愛してるよ

1
マル
말
言葉 / 話

2
モン ジョ
먼저
先に / まず

3
イッタ ア オ ヤ ゲッタ
㊋ 動詞・있다の語幹 + 아 / 어 야겠다
~しなければならない / ~しなきゃいけない

4
サ ラン ハ ダ
사랑하다
愛する / 恋する

彼女はキレイだった

지성준 チソンジュン (15話)

ナ プ ロ ポ ジュ ワン ジョン クン サ ハ ゲ ハル セン ガ ギ オン ヌン デ
나 프러포즈 완전 근사하게 할 생각이었는데
① ② ③ ④

完璧で洒落たプロポーズを考えてたのに

1)
プ ロ ポ ジュ
프러포즈
プロポーズ

2)
ワン ジョン
완전
すごく / 超

3)
クン サ ハ ダ
근사하다
洒落ている / 恰好がいい

4)
セン ガク
생각
考え

지성준 チソンジュン (16話)

ムォ ジ イ シ ノン ブ ブ ヌッ キ ムン
뭐지 이 신혼부부 느낌은?
① ② ③ ④

なんだろう、この新婚夫婦みたいな感じ

1)
ムォ ジ
뭐지
何だろう / 何だっけ？

2)
イ
이
この

3)
シ ノン ブ ブ
신혼부부
新婚夫婦

4)
ヌッ キム
느낌
感じ

김혜진 キムヘジン (10話)

イ ジェ ス ス ロ ド ブ ジョン ハル ス オ ブ スル マン クム ナ キム ヘ ジン ッシ ガ シン ギョン ッス ヨ ヨ
이제 스스로도 부정할 수 없을 만큼 나 김혜진씨가 신경 쓰여요
①　　②　　　　③　　　　　④

もう自分の気持ちを否定できないくらい、キムヘジンさんが気になってる

1
ス ス ロ
스스로
自ら / 自分で

2
ブ ジョン ハ ダ
부정하다
否定する

3
マン クム
만큼
～くらい / ～ほど

4
シン ギョン イ ッス イ ダ
신경이 쓰이다
気になる / 気にかかる

김혜진 キムヘジン (5話)

ノ ラン チョッ キ ス ヘッ トン ネ チョッ サ ラン ク ゲ パ ロ ナ ラ ゴ
너랑 첫키스했던 네 첫사랑! 그게 바로 나라고
①　　　②　　　　　　　　　③　　④

ファーストキスした初恋の相手、それは私なの！

1
チョッ キ ス
첫키스
ファーストキス / 初キス

2
文 **動詞・存在詞の語幹 +** ア オットン **았 / 었던**
～した / ～していた

3
パ ロ
바로
まさに / ほかならない

4
文 **名詞 + (** イ **) 라고**
～だと / ～だって

サイコだけど大丈夫

문강태 ムンガンテ ⑬話

ヌ グ ドゥン コン ドゥル ミョン チョル デ カ マン アン トゥォ ッペ ソ ガ ミョン チャ ジュル ッテ ッカ ジ ッチョチュル コ ヤ

누구든 건들면 절대 가만 안 돼 . 뺏어가면 찾을 때까지 쫒을 거야
① ② ③ ④

誰にも絶対に手出しはさせない。奪われたら必ず探し出す

1) コン ドゥル ダ
건들다
触れる / 刺激する

2) カ マン アン トゥ ダ
가만 안 두다
放っておかない / ただではおかない

3) ッペッ タ
뺏다
奪う

4) チョッ タ
쫒다
追う / 追いかける

문강태 ムンガンテ ①話

チョ ア ハ ミョン モン ヌン モ スブ ット イッポ ボ イ ヌン コ イェ ヨ

좋아하면 먹는 모습도 이뻐 보이는 거예요
① ② ③ ④

好きだから食べてる姿もかわいく見えたんです

1) モ スブ
모습
姿

2) イップ ダ
이쁘다
キレイだ / 可愛い

3) ボ イ ダ
보이다
見える

4) イッ タ ヌン ゴ エ ヨ
㊛ 動詞・있다 の語幹 + 는 거예요
~するのですか / ~しているのですか

100

사이코지만 괜찮아 - サイコジマン クェンチャナ -

고문영 コムニョン

6話

넌 도망 못 가, 넌 내 거라고
ノン ト マン モッ カ ノン ネッ コ ラ ゴ

① ② ③ ④

逃げられないわ。あなたは私のものよ

1)
ノン
넌
너는（ノヌン）の略。君は / お前は / あなたは

2)
ト マン ガ ダ
도망 가다
逃げる

3)
モッ
文 못 + 動詞の語幹
〜られない / 〜できない

4)
ネッ コ
내 거
私のもの

恋愛ドラマ編

CHECK IT!

場所を表す「에」と「(으)로」の違い

◇ 에 は、到着点、目的地がハッキリしていて、そこに向かうことを表す時に使います。

◇ 로 は、その方向に向かうと、ざっくりとした場所を表す時に使います。

● 서울대학교에 가 주세요.
「ソウル大学に」と、目的地がハッキリしている。

● 서울대학교로 가 주세요.
「ソウル大学へ」と、その方面を表している。

簡単にまとめると、에 は「場所・位置」に。 (으)로 は「方向」です。
-(으)로は「〜に向かって / 〜の方へ」と訳すと違いが分かりやすくなります。

韓国カップルの多忙すぎる年間スケジュール

日本でも一般的なバレンタインデー、ホワイトデーに加え、5月14日はローズデー、6月14日はキスデーなど、韓国では毎月14日が恋愛にまつわる記念日となっています。それに加え、交際100日や300日記念日も専用アプリなどでカウントし盛大に祝うので、最低でも月に1回は記念日がある状態！ ここでは、ある韓国カップルが1月1日に付き合い始めたと仮定して、どれだけ多忙な1年間を過ごすのかを紹介します！

交際スタート！

＜年間スケジュール＞

1月
14日 ダイアリーデー
恋人同士で新しい1年を歩むため、日記帳を贈り合う日

22日 22（トゥートゥー）デー
付き合いはじめて22日目の記念日

2月
14日 バレンタインデー
女性が男性にチョコレートを贈る日

19日 50日記念日

3月
14日 ホワイトデー
男性が女性にバレンタインのお返しを贈る日

4月
10日 100日記念日

番外編
14日 ブラックデー
バレンタイン、ホワイトデーを経て恋人ができなかった人が、黒い服を着てジャジャン麺などの黒い物を食べる日。フリー同士でブラックデーを実行し、付き合うきっかけになることも

5月
14日 ローズデー
カップルでバラの花束を贈り合う日

番外編
イエローデー
ブラックデーを経ても恋人ができなかった人が、黄色い服を着てカレーを食べる日。これを実行しないと「一生独り身」になるとか！？

6月
14日 キスデー
この日までにカップルとなった恋人同士がキスをする日

7月
14日 シルバーデー
カップルで銀製品を贈り合う日

19日 200日記念日

8月
14日 グリーンデー
カップルで森林浴をする日

9月
14日 フォトデー
カップルで写真を撮る日

帽子デー
カップルで帽子を贈り合う日

10月
14日 ワインデー
カップルでワインを飲む日

27日 300日記念日

11月
11日 ペペロデー
大人気菓子・ペペロの細長い形が「1」に見えることから、好きな相手に手作りペペロを贈るなど、いまや第2のバレンタインデーとも言える定番記念日に！

14日 オレンジデー＆ムービーデー
カップルでオレンジジュースを飲みながら映画を見る日

12月
14日 ハグデー
カップルでハグをする日

24・25日 クリスマス
日本と同じくイブから盛り上がる上に、25日は「성탄절（ソンタンジョル）」＝イエス・キリストの誕生日」として祝日に指定されている

祝・1周年♡

第 4 章

オヌル スハク スッチェ チンッチャ シュプッチ アナッソ

今日の数学の宿題、本当簡単じゃなかった？

学園ドラマ編

韓国では、学生時代は人生で一番大変な時期！？
学園ドラマのフレーズで韓国語を学ぼう！

その年、私たちは

国連수 ククヨンス

1話

チャ リョッ / ソン セン ニム ッケ / キョン ネ / ス ゴ ハ ショッスム ニ ダ

차렷 , **선생님** 께 **경례** . **수고하**셨습니다
① ② ③ ④

気をつけ、先生に礼。お疲れ様でした。

1)
チャ リョッ
차렷
気をつけ！

※号令の言葉

2)
ソン セン ニム
선생님
先生（様）

3)
キョン ネ
경례
敬礼

4)
ス ゴ ハ ダ
수고하다
苦労する

※수고 は「手間」という名詞です

최웅 & 국연수 チェウン & ククヨンス

2話

プ トゥル コ ヤ / ナ ド / イ デ ロ ラ ミョン / ットロ ジル コル

붙을 거야 , 나도 . - **이대로**라면 **떨어질걸**?
① ② ③ ④

僕も受かるだろ。- このままだと落ちるでしょ

1)
プッ タ
붙다
受かる / 合格する

2)
イ デ ロ
이대로
このまま

3)
ットロ ジ ダ
떨어지다
落ちる

4)
ル ウル コル
- ㄹ / 을 걸
～するでしょう / ～だと思いますよ

그 해 우리는 - クヘ ウリヌン -

최웅＆국연수　チェウン＆ククヨンス　⑦話

그러는 넌 수업 아니야 ? - 조퇴했어
クロヌン　ノン　ス オプ　ア ニ ヤ　チョ トゥエ ヘッ ソ
① ② ③ ④
そういう君は、授業は？- 早退した

1 クロヌン
그러는
そうしている〜 / そういう〜

2 ノン
넌
너는（ノヌン）の略。君は / お前は / あなたは

3 ス オプ
수업
授業

4 チョ トゥエ
조퇴
早退

최웅　チェウン　⑬話

졸업장은 필요한 사람만 가지면 되지 , 뭐
チョ ロブ チャン ウン　ピ リョ ハン　サ ラム マン　カ ジ ミョン トゥエ ジ　ムォ
① ② ③ ④
卒業証書は必要な人が持っていればいいでしょ

1 チョ ロブ チャン
졸업장
卒業証書

2 ピ リョ ハ ダ
필요하다
必要だ

3 カ ジ ダ
가지다
持つ / ものにする / 所持する

4 チ　ムォ
지 , 뭐
〜でしょ、まあ / 〜すればいいでしょ

学園ドラマ編

105

二十五、二十一

나희도 & 지승완　ナヒド＆チスンワン　3話

ノ チョン ギョ イル トゥン イ ヤ ア チェ ヌン イ ヤ ニ ガ ペン シン チャ ラ ヌン ゴ ラン ビ ス テ

너 전교 1 등이야 ? - 아 , 재능이야 . 네가 펜싱 잘하는 거랑 비슷해
① ② ③ ④

全国１位なの？ - ああ、才能の一種よ。ヒドのフェンシングと似てるね

1) チョン ギョ
전교
全校

2) チェ ヌン
재능
才能

3) ペン シン
펜싱
フェンシング

4) ビ ス タ ダ
비슷하다
似ている

지승완　チスンワン　2話

メ ジョム ン チェ ユク クァ ネ カ ヌン キル ウェン ッチョ ゲ イッ ソ

매점은 체육관에 가는 길 왼쪽에 있어
① ② ③ ④

売店は体育館に行く途中の左手にある

1) メ ジョム
매점
売店

2) チェ ユク クァン
체육관
体育館

3) キル
길
道

4) ウェン ッチョク
왼쪽
左側 / 左

스물다섯 스물하나 － スムルタソッ スムラナ －

나희도 ナヒド 7話

실력은 **비탈**이 아니라 **계단**처럼 **늘어**
シル リョグ ン　ビ タ リ　ア ニ ラ　ケ ダン チョ ロム　ヌ ロ
① ② ③ ④

実力は坂じゃなくて階段のように上がっていくの

1) シル リョク
실력
実力

2) ピ タル
비탈
斜面 / 傾斜

3) ケ ダン
계단
階段

4) ヌル ダ
늘다
伸びる / 上達する / うまくなる

지승완 チスンワン 10話

우린 학교에서 참 **많**은 것들을 **배우**지. **근데** 그 중 하나가 **폭력**이야
ウ リン ハッ キョ エ ソ チャム マ ヌン ゴットゥル ル ペ ウ ジ　クン デ ク チュン ハ ナ ガ ポン ニョク ギ ヤ
① ② ③ ④

学校では多くのことを学ぶわ。その1つは暴力よ

1) マン タ
많다
多い

2) ペ ウ ダ
배우다
学ぶ / 習う

3) クン デ
근데
ところで / でも

4) ポン ニョク
폭력
暴力

学園ドラマ編

107

二十五、二十一

나희도 ナヒド (10話)

ッタン エ ドゥル ス ハン ニョ ヘン ウン オ ットン ジ モ ル ゲン ヌン デ イ ゲ ト チェ ミッ ソ ファク シ レ

딴 애들 수학여행은 어떤지 모르겠는데 이게 더 재밌어, 확실해!
① ② ③ ④

修学旅行がどんなのか知らないけど、今日のは確実に楽しい

1) ス ハン ニョ ヘン
수학여행
修学旅行

2) オ ットン ジ
어떤지
どうなっているのか / どうなのか

3) チェ ミッ タ
재밌다
面白い

4) ファク シ ラ ダ
확실하다
確実だ

고유림 & 나희도 コユリム & ナヒド (12話)

チェ デ カ リョ ミョン ス ヌン ブァ ヤ ハ ジ アナ ウム パルシプ チョム イ サン マ ジャ ヤ トゥエン デ

체대 가려면 수능 봐야 하지 않아? - 음, 80 점 이상 맞아야 된대
① ② ③ ④

体育大に行くには修能受けるんでしょ？ - うん、80点以上取らなきゃ

1) チェ デ
체대
체육대학（体育大学）の略。体大

2) ス ヌン
수능
修学能力試験（수학능력시험）の略

3) ポ ダ
보다
（試験を）受ける

4) ン ヌン デ
⊗ **動詞の語幹 + ㄴ / 는대**
～だって / ～ですって

※ 치르다（チルダ）もありますが、会話では 보다 が使われることが多い

108

스물다섯 스물하나 - スムルタソッ スムラナ -

나희도 ナヒド ②話

ペクイジン　ナ　　オ ヌル　トゥ ディ オ　チョ ナク　カ　　シム ジ オ　テ ヤン ゴ ロ
백이진！나 오늘 드디어 전학 가！심지어 태양고로！
　　　　　　　①　　②　　　③　　　　④

ペクイジン！私、今日ついに転校するの。それも太梁（テヤン）高へ

①
オ ヌル
오늘
今日

②
トゥ ディ オ
드디어
ついに / いよいよ

③
チョ ナク
전학
転校

④
シム ジ オ
심지어
その上 / さらには

나희도 ナヒド ⑧話

ナン　ハ ナ ド　アン ウッ キョ　ネ ガ　チョ ディン イ ヤ　イ ロン チャン ナ ヌ ロ ウッ ケ
난 하나도 안 웃겨. 내가 초딩이야？이런 장난으로 웃게？
　①　　　　②　　　　　③　　　　　④

全然笑えない。私を小学生とでも思ってるの？

①
ハ ナ ド
하나도
全然 / まったく

②
ウッ キ ダ
웃기다
笑える / ウケる

③
チョ ディン
초딩
초등학생（小学生）の略語。幼稚な人

④
チャン ナン
장난
いたずら / 遊び / 悪さ

学園ドラマ編

A-TEEN シーズン2

여보람 ヨボラム (4話)

오늘 **시험** **잘 봤어?** **기분** **되게** **좋아 보이네**
オ ヌル　シ ホム　チャル ブワッ ソ　キ ブン　トゥェ ゲ　チョ ア　ボ イ ネ
① ② ③ ④

今日の試験上手くいった？気分よさそうだけど

1)
시험
シ ホム
試験

2)
잘 보다
チャル ボ ダ
いい点数をとる / うまくいく

3)
기분
キ ブン
気分

4)
㊈ 形容詞の語幹 + 아 / 어 보이다
ア オ ボイダ
~ように見える / ~く見える

하민＆김하나 ハミン＆キムハナ (6話)

전학생 **챙겨주** **느라** **되게 바쁘네 .- 반장** **이니까**
チョ ナクッ セン　チェン ギョ ジュ　ヌ ラ　トゥェ ゲ　バ ップ ネ　バン ジャン イ ニッカ
① ② ③ ④

転校生の世話で忙しそうだね。- 学級委員だから

1)
전학생
チョ ナクッセン
転校生

2)
챙겨주다
チェン ギョ ジュ ダ
面倒を見てやる / 気にかけてやる

3)
㊈ 動詞の語幹 + 느라고
ヌ ラ ゴ
~したので / ~したため

4)
반장
バン ジャン
学級委員

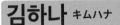

김하나 キムハナ (12話)

주하 이번에 모의고사 잘 봤던데 ? 언어 1 등급이야
ジュハ ① ② ③ ④

ジュハは今回の模試がよかったの。言語は 1 等級よ

1) 이번에
今回（に）

2) 모의고사
模擬テスト

3) 언어
言語

4) 등급
等級

※ 成績順位を表すときは 위 ではなく 등（급）で表します

김하나 キムハナ (18話)

너 혹시 저번 영어 시험에서 커닝했어 ?
① ② ③ ④

もしかして、この前の英語の試験でカンニングをした ?

1) 혹시
もしかして / もし

2) 저번
この前（の）

3) 영어
英語

4) 커닝하다
カンニングする

学園ドラマ編

111

今、私たちの学校は…

장하리 チャンハリ ④話

ネ トン センウン イ ハン ニョ ニ ゴ ドゥン キョ シ レ イッス ミョン テ リョ ガ ヤ ジ
내 동생은 2 학년 이거든 . 교실 에 있으면 데려가야 지
① ② ③ ④

弟が2年生なの。教室を見てから行く

1)
ハン ニョン
학년
年生 / 学年

2)
イ ゴ ドゥン
⊗ 名詞 + (이) 거든
～なんですよ

3)
キョ シル
교실
教室

4)
テ リョ ガ ダ
데려가다
連れて行く

남소주 ナムソジュ ①話

ソン ジョ ギ チュン ヨ ハン ゲ ア ニ ヤ アン ジョ ナ ゴ コン ガン ハン ゲ チェ ゴ ヤ
성적이 중요한 게 아니야 . 안전하고 건강한 게 최고야
① ② ③ ④

成績より健康でいることが重要だ

1)
ソン ジョク
성적
成績

2)
チュン ヨ ハ ダ
중요하다
大事だ

3)
コン ガン ハ ダ
건강하다
健康だ

4)
チェ ゴ
최고
最高

배은지 ペウンジ

7話

ット ウ リ マン ワン ッタ ネ　ヨ ジョニ ニ チ オ ギ ゴ
또 우리만 왕따네 . 여전히 지옥이고
　　　①②　③　④

また仲間外れね。地獄のまま…

1
マン
만
~だけ / ~ばかり

2
ワン ッタ
왕따
(集団から) 仲間外れにされる人

3
ヨ ジョニ
여전히
相変わらず

4
チ オク
지옥
地獄

CHECK IT!

否定を表す「-지 않고」と 「-지 말고」の違い

◇ -지 않고 は、自分の行為において、二つの選択肢の中で片方を否定する表現。

◇ -지 말고 は、相手の行為において、二つの選択肢の中で片方を否定し相手に命令、勧誘する表現。

● 친구랑 놀지 않고 공부를 했어요.

「友達に会う」ということをしないで、「勉強」を自分が選んだという文になる。

● 친구랑 놀지 말고 공부를 합시다.

「友達に会う」ということはやめて、勉強しようよと、相手に勧誘する文になる。

-지 말고 は、名詞を否定する時にも使うことができます。

(例) 오늘은 한식 말고 중식 먹을까요?　今日は韓国料理でなく中華料理を食べましょうか？

SKY キャッスル

한서진 ハンソジン 33話

イ ゲ パル ギョ ジ ミョン トゥェ ハ ギ ドゥン チャ テ ドゥン タン ハ ゲ トゥェ ゴ
이게 밝혀지면 퇴학이든 자퇴든 당하게 되고...
① ② ③ ④

これが明るみに出れば、自主退学か強制退学になる

1 パル ギョ ジ ダ
밝혀지다
明らかになる

2 トゥェ ハク
퇴학
退学

3 チャ テ
자퇴
自退する / 自主退学

4 タン ハ ダ
당하다
遭う / される

※ 否定的な意味で使われる

강예빈 カンイェビン 32話

ムォ ハ ロ コン ブ ルル ハ ニャ ゴ ッペ ドル リン シ ホム ジ ロ ペク チョム マ ジュ ミョン トゥェ ヌン デ
뭐 하러 공부를 하냐고, 빼돌린 시험지로 백 점 맞으면 되는데
① ② ③ ④

なんで勉強するのよ、試験問題を盗めば100点が取れるでしょ

1 ッペ ドル リ ダ
빼돌리다
盗み取る

2 シ ホム ジ
시험지
試験問題

3 ペク チョム
백 점
100点

4
イッ タ ウ ミョントゥェヌン デ
文 動詞・있다の語幹 + (으) 면 되는데
~すればよいのに

차민혁 チャミニョク　32話

애들 **이제** **고3** **인데** **중간고사가** **내일모레** **인데**
エ ドゥル　イ ジェ　コ サ ミン デ　チュン ガン ゴ サ ガ　ネ イル モ レ イン デ
①　　②　　③　　④

息子たちはいま高3だぞ。中間テストを明後日にして

1) **애들**
エ ドゥル
子どもたち

2) **고3**
コ サム
高3

3) **중간고사**
チュン ガン ゴ サ
中間テスト

4) **내일모레**
ネ イル モ レ
明後日

강예서 カンイェソ　8話

수업 **태도도** **수행 평가** **에** **들어가** **는데** **어쩌냐?**
ス オプ　テ ド ド　ス ヘン ピョン カ　エ　トゥ ロ ガ ヌン デ　オッチョニャ
①　　②　　③　　④

授業態度も成績評価に入るのよ。どうするつもり？

1) **태도**
テ ド
態度

2) **수행 평가**
ス ヘン ピョン カ
遂行評価 / 成績評価

3) **들어가다**
トゥ ロ ガ ダ
入る / 入っていく

4) **어쩌냐?**
オッチョ ニャ
どうするのさ？

SKY キャッスル

김주영 キムジュヨン (11話)

키 ョ ゥ イル チョム チャ イ ロ イ ギョ ノ コ ウン ニ マン ジョ ケ
겨우1점차이로 이겨 놓고 웃니? 만족해?
① ② ③ ④

たった1点差で勝って、笑顔で、満足だと？

1) キョ ウ
겨우
やっと / ようやく

2) チョム
점
点

3) チャ イ
차이
違い

4) マン ジョク
만족
満足

김혜나 キムヘナ (14話)

チョン ギョ フェ ジャン トゥェ ス ニッ カ ウ リ チ ヒャン エ マッ ケ クプ シク メ ニュ チョム パック ォ ブ
전교 회장 됐으니까 우리 취향에 맞게 급식 메뉴 좀 바꿔 봐
① ② ③ ④

全校会長の権限で給食のメニューを私たち好みに変えてよ

1) チョン ギョ フェ ジャン
전교 회장
全校会長

2) チ ヒャン
취향
好み / 趣向

3) クプ シク
급식
給食

4) メ ニュ
메뉴
メニュー

116

강예서 & 한서진　カンイェソ & ハンソジン　17話

몇 개나 틀렸는데? - 국어에서 3 개나 틀렸어
ミョッ ケ ナ トゥル リョ ヌン デ　ク ゴ エ ソ セ ゲ ナ トゥル リョッ ッ
① ② ③ ④

いくつ間違ったの？- 国語で3つも

1) 몇
ミョッ
何～（数に関する単位）

2) 개
ケ
個

3) 틀리다
トゥル リ ダ
間違える / 間違う

4) 국어
ク ゴ
国語

이명주　イミョンジュ　1話

우리 영재 합격 시킨 비결 알려 줄게
ウ リ　ヨンジェ ハプ キョク シ キン ピ ギョル アル リョ ジュル ケ
① ② ③ ④

ヨンジェの合格の秘訣を教えてあげる

1) 합격
ハプ キョク
合格

2) 시키다
シ キ ダ
させる / 行わせる

3) 비결
ピ ギョル
秘訣

4) 알려 주다
アル リョ ジュ ダ
教えてあげる / 分からせてあげる

学園ドラマ編

十八の瞬間

최준우 チェジュヌ (14話)

アル バ ッックン ナッ ソ　ウン ノン ハ グォン　オ　コ セン ヘッ ケン ネ　ネ イル ボ ジャ

알바 **끝났어**? - 응. 넌 **학원**? - 어, 고생했겠네. **내일** 보자
　①　　②　　　　　　　　③　　　　　　　　　　　　④

バイト帰り？ - うん、お前は塾？ - おお。お疲れさま、明日会おう

1)
アル バ
알바
아르바이트（アルバイト）の略。

2)
ッックン ナ ダ
끝나다
終わる

3)
ハ グォン
학원
塾 / 予備校

4)
ネ イル
내일
明日

유수빈 ユスビン (7話)

ッタン サ ラ マン テ チャ ラン ハ ゴ チャル ラン チョ カ リョ ゴ ナ ナ アッ ソ

딴 사람한테 자랑하고 잘 난척하려고 나 **낳았**어?
　　　　　　①　　　　②　③　　　　　　　　④

他人に優秀だと自慢したくて私を産んだの？

1)
チャ ラン ハ ダ
자랑하다
自慢する / 誇る

2)
チャル ラ ダ
잘나다
優れている / 秀でている / 賢い

3)
ン　ウン チョッ カ ダ
文形容詞 + ㄴ / 은 척하다
～のふりをする

4)
ナッ タ
낳다
産む

마휘영 ＆ 최준우　マフィヨン＆チェジュヌ　⑥話

이미 망친 **인생**이란 건 없어 . **아직 열여덟**인데
イ ミ　マン チン　イン セン　イ ラン　ゴン　オプ ソ　ア ジク　ヨル リョ ドル　リン デ
① 　　　　　② 　　　　　　　　　　③ 　　④

もうダメな人生なんてないよ。まだ１８歳なんだから

1)
イ ミ
이미
すでに

2)
イン セン
인생
人生

3)
ア ジク
아직
まだ

4)
ヨル リョ ドル
열여덟
18

오한결　オハンギョル　⑩話

쌤이 **인서울**은 못했었도 인생 **상담 짬밥**은 좀 되거든
ッセ ミン ソ ウ ルン　モ テッ ソット　イン セン　サン ダム ッチャム バブ ン　チョム トゥェ ゴ ドゥン
① 　　　②　　　　　　　　　　　　　③　　④

先生はソウル市内の大学は出てないが、相談相手になるだけの経験はあるぞ

1)
ッセム
쌤
先生

2)
イン ソ ウル
인서울
ソウルの中（in Seoul）にある大学のこと

3)
サン ダム
상담
相談

4)
ッチャム バブ
짬밥
軍隊のご飯／仕事の経歴／経験／実績

偶然見つけたハル

하루 & 은단오 ハル&ウンダノ (17話)

야 은단오 _{ヤ ウンダノ} 어디 가 ? - 나 ? 땡땡이치러 !
ウン・ダノ、どこに行く？ - サボりに行く！

1)
어디
どこ

2)
가다
行く

3)
땡땡이치다
サボる

4)
㊛ 動詞の語幹 + (으) 러
〜しに

하루 & 은단오 ハル&ウンダノ (20話)

하루 야 넌 꿈 이 뭐야 ? - 꿈 ? - 뭐 막 장래 희망 같은 거 ...
ハル、あなたの夢は？ - 夢？ - 将来の夢みたいなもの

1)
㊛ パッチムがない名前 + 야
親しい関係での呼び方

2)
꿈
夢

3)
막
まさに / ちょうど / なんか

4)
장래 희망
将来の夢

120

어쩌다 발견한 하루 — オッチョダ パルギョナン ハル —

하루 & 백경　ハル & ペクギョン　(11話)

괜찬아? - 비켜, 은단오. 보건실로 가자

クェンチャ ナ / ピ キョ / ウン ダノ / ポ ゴン シル ロ カ ジャ

① ② ④

大丈夫か？ - どけ。ウン・ダノ、保健室へ行こう

1) クェンチャン タ
괜찬다
大丈夫だ

2) ピ キ ダ
비키다
よける / どく

3) ポ ゴン シル
보건실
保健室

4) イッ タ / チャ
⊛ 動詞・있다の語幹 + 자
～しよう

오남주 & 여주다　オナムジュ ヨジュダ　(5話)

내가 너 건방지다고 얘기 안했나? - 건방진건... 너야!!

ネ ガ ノ / コン バン ジ ダ ゴ / イェ ギ / ア ネン ナ / コン バン ジン ゴン / ノ ヤ

① ② ③ ④

お前は本当に生意気だ　- 生意気なのは…あなたよ！

1) コン バン ジ ダ
건방지다
生意気だ

2) タ ゴ ハ ダ
⊛ 形容詞の語幹 + - 다고 하다
～だと言う

3) イェ ギ
얘기
話 / 이야기（イヤギ）の縮約形

4) ゴン
건
「것은」の略。ことは / ものは / ～のは

トッケビ

지은탁＆김신　チウンタク＆キムシン

9話

가방, 향수, 오 „ - 오백은 없어 , 그걸로 등록금 냈어
① ② ③ ④

カバンに香水、5… -500（万ウォン）はない。入学金に使った

1) 가방
カ バン
鞄

2) 향수
ヒャン ス
香水

3) 등록금
トゥン ノッ クム
授業料 / 登録金

4) 내다
ネ ダ
出す

김신　キムシン

1話

수학 문제 17 번 답은 2 가 아니라 4 야
① ② ③ ④

スハク ムンジェ シプチル ボン タプ イガ アニラ サヤ

数学の 17 問目の答えは 2 番じゃなく 4 番だ

1) 수학
ス ハク
数学

2) 문제
ムン ジェ
問題

3) 번
ボン
番

4) 답
タプ
答え

지은탁 チウンタク

<ruby>그럼<rt>ク ロム</rt></ruby> <ruby>전<rt>チョン</rt></ruby> <ruby>이<rt>イ</rt></ruby><ruby>만<rt>マン</rt></ruby> <ruby>도서관<rt>ト ソ グヮン</rt></ruby>. <ruby>수능이<rt>ス ヌン イ</rt></ruby> <ruby>얼마<rt>オル マ</rt></ruby> <ruby>남<rt>ナム</rt></ruby><ruby>지<rt>チ</rt></ruby> <ruby>않아서<rt>ア ナ ソ</rt></ruby>
① ② ③ ④

じゃあ私は図書館に。修能までそんなにないし

1) 그럼
クロム
それでは

2) 도서관
ト ソ グヮン
図書館

3) 얼마
オル マ
そんなに / いくら

4) 남다
ナム タ
残る / 余る

삼신할매 サンシンハルモニ

<ruby>교복<rt>キョ ボク</rt></ruby> <ruby>입<rt>イブ</rt></ruby><ruby>고<rt>コ</rt></ruby> <ruby>눈깔<rt>ヌッ カル</rt></ruby> <ruby>퀭하<rt>クェン ハ</rt></ruby><ruby>면<rt>ミョン</rt></ruby> <ruby>대부분<rt>テ ブ ブン</rt></ruby> <ruby>고 3<rt>コ サ ミ</rt></ruby> <ruby>이더라고요<rt>ド ラ ゴ ヨ</rt></ruby>
① ② ③ ④

制服を着てるし、生気のない目をしてるから高3だね

1) 교복
キョ ボク
制服

2) 입다
イブ タ
着る

3) 눈깔
ヌッ カル
눈（目）の俗語

4) 퀭하다
クェン ハ ダ
生気のない

美しかった私たちへ

신솔이 & 차헌　シンソリ & チャホン　4話

집 앞 놀이터에서 잠깐 볼래? - 지금? 공부중인데?
チプ　アプ　ノ　リ　ト　エ　ソ　チャムッカン　ボル　レ　　チグム　　コン　ブ　チュン　イン　デ
①　　②　　　　　　③　　　　　　　　　　　　④

家の前の公園でちょっと会わない？- 今？勉強中なんだけど

1) チプ
집
家

2) ノリト
놀이터
子どもの遊び場 / 公園

3) チャムッカン
잠깐
しばらく / つかの間

4) コンブチュン
공부중
勉強中

신솔이　シンソリ　1話

오늘 수학 숙제 진짜 쉽지 않았어? 완전 술술 풀리더라
オ　ヌル　ス　ハク　スクッチェ　チンッチャ　シュプッチ　ア　ナ　ソ　　ワンジョン　スル　スル　プル　リ　ダ ラ
①　　　　　②　　　　　③　　④

今日の数学の宿題、本当簡単じゃなかった？スラスラ解けた

1) スクッチェ
숙제
宿題

2) シュプッタ
쉽다
易しい / たやすい

3) スルスル
술술
すらすら

4) プルリダ
풀리다
解ける

아름다웠던 우리에게 -アルムダウォットン ウリエゲ-

차헌 チャホン　(17話)

ナ ハン テ　カ ウェ　パ ダ　クリゴ　チェス　ヘ ソ　ウ リ　ハッ キョ　ワ
나한테 과외 받아 . 그리고 재수해서 우리 학교와
　　　　①　　　　　　　　②　　　　　③　④

家庭教師をしてやるよ。浪人してうちの大学に来い

1) カ ウェ
과외
家庭教師

2) チェ ス
재수
浪人

3) ハッ キョ
학교
学校

4) オ ダ
오다
来る

정진환＆차헌 チョンジンファン＆チャホン　(2話)

ノ レ バン　オッテ　オ ヌル　ヤ ジャ ッチェ ゴ　コル　アン カ　コン ブ ヘ ヤ トゥェ
노래방! 어때? 오늘 야자 째고 콜? - 안 가 , 공부해야 돼
　①　　　　　　　　　　②　③　④

カラオケ！どうだ？今日の夜間学習サボって、いいだろ？ - 行かない。勉強しないと

1) ノ レ バン
노래방
カラオケ

2) ヤ ジャ
야자
夜間自律学習 (야간자율학) の略

3) ッチェ ダ
째다
サボる

4) コル
콜
OK / (その話) のった！

学園ドラマ編

125

Mine

양순혜 ヤンスンヘ （1話）

ノン ト デ チェ ア レッ コッ トゥル キョ ユ グル オッ ト ケ シ キ ヌン ゴ ヤ
넌 도대체 아랫것들 교육을 어떻게 시키는 거야!
① ② ③ ④

メイド達に一体どういう教育をしてるのよ

1
ト デ チェ
도대체
一体

2
ア レッ コッ
아랫것
（自分より身分や立場が）下の人

3
キョ ユク
교육
教育

4
ヌン ゴ ヤ
文 動詞の語幹 + 는 거야
〜してるんだよ / 〜しているの

김유연 キムユヨン （12話）

オ ニョン トゥィ エ ヌン サ フェ ボク ジ クヮルリョン コン ブ ト ハル コ ヤ
5 년 뒤에는 사회 복지 관련 공부 더 할 거야
① ② ③ ④

5年後には社会福祉関連を学びたい

1
トゥィ
뒤
後ろ / 〜のあと

2
サ フェ ボク ジ
사회 복지
社会福祉

3
クヮルリョン
관련
関連

4
コン ブ
공부
勉強

정서현 チョンソヒョン （8話）

チュンハクッキョ ト ドクチェ ギ ラ ド タ シ チョム イルグ シ ドゥン ガ ヨ ハル リル オプ ス シ ミョン
중학교 **도덕책**이라도 다시 좀 **읽**으시든가요. **할일** 없으시면
① ② ③ ④
中学校の道徳の教科書をよく読み返すべきです

1) チュンハクッキョ
중학교
中学校

2) ド トク チェク
도덕책
道徳本

3) イク タ
읽다
読む

4) ハル リル
할 일
やること / すること

条件を表す「-(으)면」と「-아야/어야」の違い

◇ (으)면 は、単純な仮定、条件。法則的なことを表します。
◇ -아야/어야 は、日本語の「～してこそ、すれば」にあたり、後の文の必須条件を表します。
● 약을 먹으면 감기가 나아요.
「薬を飲んだら風邪が治る」と、仮定を表し、それを必須としてはいません。
● 약을 먹어야 감기도 빨리 나아요.
「薬を飲んでこそ、風邪も早く治る」と、薬を飲むということが早く治る条件だと強調されています。

-아야/어야 に、"지"をつけて、아야지 / 어야지 とすると、さらに強調されたニュアンスになります。
(例) 수요가 있어야지 공급이 있다. 需要があってこそ、供給がある。

127

3種類あった！？ 韓国年齢の数え方が統一へ

「1年で2歳も歳をとる？」「推しと同じ生まれ年なのに、推しの自称する年齢が年上なのはなぜ？」など、好きな韓国俳優やアイドルの年齢があやふやで混乱した人も多いはず。日本では、世界的に広く使われている「満年齢」を用いるのに対し、韓国では「数え年」で数えるのが一般的でした。それに加え、「数え年」から1歳を引いた「年年齢」まであるので余計にわかりにくい…。計3種類もあることで、国外のみならず国内の医療現場や雇用政策の場で混乱の原因となっていた韓国年齢の数え方は、2022年4月より「満年齢」の使用を原則とすべく動きはじめました。

1 数え年 (세는 나이) セヌン ナイ

韓国でもっとも広く使われていた年齢の数え方。
1歳で出生し、新年（1月1日）を迎えた時点で誕生日に関わらず一斉に歳を重ねます。

（例） 12月31日に生まれた人は…
誕生日　　　 12月31日 に　**1**歳
新年（翌日）1月1日　　に　**2**歳
と、生まれて2日目に**2**歳になる

2 年年齢 (연 나이) ヨン ナイ

青少年保護法や兵役法、ニュースなどの公的な場で、対象が今年の誕生日を迎えたかを確認する手間を省くための数え方。0歳で出生し、新年（1月1日）を迎えた時点で誕生日に関わらず一斉に歳を重ねます。

※青少年保護法は「年年齢」を適用するため、同じ生まれ年の人は新年（1月1日）に一斉に成人を迎えることとなり、お酒・タバコが解禁になるタイミングも同じになる

3 満年齢 (만 나이) マン ナイ

日本や、世界でも広く使われている年齢の数え方。0歳で出生し、翌年の誕生日を迎えると1歳になります。

満年齢への統一化の動きで、「若くなった気分だ！」と喜ぶアイドルもいましたね♪

2022年11月現在の情報

第 5 章

テバン ナンネヨ！
バズってますね！

スラング編

ドラマのセリフにもちょっと変わった流行語が！？
最新韓国スラングもドラマで学ぼう！

社内お見合い

ノ ティュブ ッテ ム ネ シン ソニム ニム ワンジョン テ バン ナン ネ ヨ
너튜브 때문에 신 선임님 완전… - 대박 났네요

インターネットの動画が完全に… - バズってますね

テ バン ナ ダ
대박나다

大ヒットする / バズる

ある事から思ってもみない大きな利益をえたり、大成功を収めて大儲けしたときに使われる。信じられないことや感動するものを見たときには대박（テバッ）という感嘆詞がよく使われている

※ 너튜브 は YouTube の隠語

賢い医師生活 シーズン1 3話

クロン ゴル ヨ ジュム エ ドゥルン インッサ ラ クロ ジ
그런 걸 요즘 애들은 인싸라 그러지

そういうの最近の子たちは陽キャラっていうんだ

イン ッサ
인싸

陽キャラ

인싸이더 (insider) の略で人づきあいが満遍なく、集まりにも積極的に参加し、存在感のある人を指します

賢い医師生活 シーズン1 3話

ナ チンッチャ アッサ イン チュル ア ランヌン デ ケ インッサ イェ
나 진짜 아싸인 줄 알았는데 개인싸 , 예 ?

陰キャラだと思ってたのに

アッサ
아싸

陰キャラ

아웃싸이더 (outsider) の略で、周りに馴染まず一匹狼のように一人で行動する人を指します

ウ・ヨンウ弁護士は天才肌

4話

ハッ キョ エ ソ　ナ ヌン　ッチンッタ　ラ ゴ　プルリョ ソ ヨ
학교에서 나는 찐따 라고 불렸어요
学校では私はのろまと呼ばれました

ッチンッタ
찐따
行動が遅かったり、周りについてけない人

主に障がいを持った人を見下したり、卑下すると
きに使われていたが、今は集団への適応が上手く
できず、行動が遅い人を指すことが多い

海街チャチャチャ

10話

ショ ピン ド　ハ ゴ　マ シン ヌン　ゴット　モッ コ　　オ　ホ カン ス ド　カ ゴ
쇼핑도 하고 맛있는 것도 먹고? - 어! 호캉스 도 가고!
買い物しておいしいもの食べて - ええ、ホカンスも行って

ホ カン ス
호캉스
ホテルでバカンスを過ごすこと

호텔（ホテル）+ 바캉스（バカンス）を合わせた
新語。2018年、酷暑だった韓国で、近隣のホテ
ルでのバカンスが流行しましたが、新型コロナの
影響で日本でもホカンスは広く知られるように

SKY キャッスル

5話

チ バ ペ　イ ロン　ゴ シ　イッ タ ニ　　キョン チ ヤ　ックン ネ ジュ ジョ
집앞에 이런 곳이 있다니 . - 경치야 끝내주죠
家の前にこんな場所があるなんて。- 環境は素晴らしいですよ

ックン ネ ジュ ダ
끝내주다
素晴らしい / たまらない

直訳すると「終わらせてくれる」。物事の終わり
を見せてくれる程すばらしいという表現として使
われます。最高に感動する場面に出会ったときは、
この言葉を使ってみてください

愛の不時着

オッパ ガ ク イェ ギン ア ネ ヨ ネ ピョルミョン チャルブン イブ コンジュ ラ ゴ
오빠가 그 얘긴 안 해요 ? 내 별명 짧은 입 공주라고

聞いてません？私のあだ名は少食姫だって

イ ビ チャル タ
입이 짧다

偏食だ（好き嫌いが多い）/ 少食だ

直訳は「口が短い」。「食べ物の好き嫌いが激しい / 少食だ」という意味です。소식（ソシク）という漢字語がありますが、あまり使われません。입を使った表現は他にも 입이까다롭다（イビッカダロプッタ）「味にうるさい」/ 입맛이없다（イムマシ オプタ）「食欲がない」などあります

イカゲーム

ノ サル リ リョ ゴ ク センショルル タ ボリョンヌン デ チャル モル ゲッ ソ
너 살리려고 그 생쇼를 다 벌였는데 잘 모르겠어 ?

私があんな芝居を打ってやったのに、わからないの？

セン ショ センッショ
생쇼 / 생쑈

ばかげたことを行うこと / わざとらしい芝居

直訳は「生ショー（live show）」。実力もない人が偉くなって成功したり、ウソの演技でありながらも行動がぎこちなく下手なことを指し、主にばかげたことや、でしゃばることに対して使われます

社内お見合い

ウ イ グ チル チル チャン キン アニヤ ネ ガ ハル ケ
으이구 , 칠칠찮긴 . - 아니야 , 내가 할게

まったく、そそっかしいぞ。- いや、自分でやるから

チル チル チャン キン チル チル マッ キン
칠칠찮긴 / 칠칠맞긴

だらしない / そそっかしい

칠칠하다「（身なりなど）こぎれいだ」「きちんとしてる」を否定の表現にしたのが칠칠찮다。後ろの긴は、기는を縮約したもの。칠칠맞긴も同じ意味で使われる

ウ・ヨンウ弁護士は天才肌

무슨 **우당탕탕** 우영우도 아니고
<small>ム スン ウ ダン タン タン ウ ヨンウ ド ア ニ ゴ</small>

ドタバタウ・ヨンウじゃあるまいし

우당탕탕
<small>ウ ダン タン タン</small>

ドタバタ / ガタン

標準語は우당퉁탕（ウダントゥンタン），우당탕퉁탕（ウダンタントゥンタン）
우당탕탕は響く床にものを落とした時にぶつかって出る音で、ドタバタした騒がしい様子、慌てた様子を表すときにも使われる

SKYキャッスル

내가 완전히 **기깔나게** 차려입고 갈게. 이따 봐, 언니
<small>ネ ガ ワン ジョ ニ キッ カル ラ ゲ チャ リョ イ ブッ コ カル ケ イッ タ ブヮ オン ニ</small>

おしゃれして行くわ。またあとでね、オンニ

기깔나게
<small>キッ カル ラ ゲ</small>

カッコよく / おしゃれに

때깔나다（ッテッカルラダ）「着こなしている」から派生した単語。肯定的な意味で使われ기가막히게（キガマキゲ）と同じように使われます

それでも僕らは走り続ける

관종이 뭐야？ - 모르면 인터넷에 찾아봐
<small>クヮンジョン イ ムォ ヤ モル ミョン イン ト ネ セ チャ ジャ ブヮ</small>

自意識過剰ってんだ？ - 自分で調べろ

관종
<small>クヮン ジョン</small>

目立ちたがり屋 / 構ってちゃん

관심종자（クヮンシムジョンジャ）「関心種子」の略。人から関心を引いたり、注目を受けるために極端な行動に出る人を指す。度が過ぎてたりすると관심병（クヮンシムピョン）「関心病」と表現されたりします

愛の不時着

タクチ ラ ウ　　　　　ノ ナ　タクチョ　イ　インジョンモ リ　オム ヌン　イン ガ ナ
닥치라우！ - 너나 닥쳐, 이 인정머리 없는 인간아

黙れ。- あんたこそ黙って。この冷血漢

インジョンモ リ　ガ　オプ タ
인정머리가 없다

思いやりがない / 素っ気ない

인정이 없다（インジョンイ オプタ）「人情がない」という意味。인정머리（インジョンモリ）は、인정の俗語

社内お見合い

ウ リ　　サ ジャンニム　ワンジョン　チョンジャルナ ム　　ラ ミョン ソ ヨ
우리 사장님 완전 존잘남 이라면서요？

うちの社長、超イケメンなんでしょ？

ジョン チャル ナム
존잘남

超イケメン

존나 잘생긴 남자（チョンナ ジャルセンギン ナムジャ）「超イケメンな男」の略。好みの顔などでなく、誰が見ても客観的にカッコいい顔を指す

賢い医師生活

アン　キョ ス ニム　チンッチャ　チャ サン ハ シン　ゴ　　インジョン　　　インジョン
안 교수님 진짜 자상하신 거 인정, 인정

アン先生の優しさは認める。認める

インジョン
인정

認める / その通り

若者の中では、よく使われる表現のひとつ！
直訳は「認定」。相手の話や意見が正しいと認める意味で、SNSやチャットなどでは ㅇㅈ と表され、共感したときの相槌表現で使われます

ウ・ヨンウ弁護士は天才肌 （5話）

의뢰인은 갑 , 우린 을 . 그건 알죠 ? 갑 , 을 !
ウィルェイヌン カプ ウリン ウル クゴン アルジョ カプ ウル

依頼人は「甲」、わたしたちは「乙」。 分かりますよね？甲と乙！

갑을
カ ブル
甲乙

契約書などで使われる「甲・乙」。ですが、甲の方が乙より立場上、優位であるため갑을 관계（カブル クヮンゲ）「甲乙関係」という単語があるとおり立場の強い弱いでよく出てくる単語です

海街チャチャチャ （16話）

내가 더 개이득 마음에 들어 . - 그래 ?
ネガ ト ケイドゥッ マウメトゥロ クレ

おお、ラッキー！気に入ったよ -そう？

개이득
ケ イ ドゥッ
超お得 / 大きい利益

개は何かを強調するときに使われる「めっちゃ」という若者言葉。そこに이득「利益」がついた表現で「ラッキー！/ 得した！」というニュアンスで使われます

イカゲーム （7話）

가면 쓴 놈들이 나보고 깍두기 래
カ ミョン スン ノムドゥリ ナ ボ ゴ ッカクトゥ ギ レ

仮面どもが私をカクテキだってさ

깍두기
ッカクトゥ ギ
仲間からあぶれた者

みんなで集まって遊ぶとき、チーム分けで余ってしまうまたは、奇数で余りが出てしまう場合に깍두기という単語が使われるので、意図して仲間はずれにする왕따（ワンッタ）とは違います

ウ・ヨンウ弁護士は天才肌

5話

ロ ス クル シ ジョル ピョルミョン イ ムォ ヨン ヌン ジ ア ラ クォンモ スル ス クォンミ ヌ
로스쿨 시절 별명이 뭐였는지 알아? 권모술수 권민우

ロースクール時代のクォン弁護士のあだ名知ってる? 腹黒策士クォン・ミヌ

クォン モ スル ス
권모술수

種々の計略 / あざむく策略

誰かを騙し自分の目標を達成しようと巧みに人をあざむく策略のこと

SKYキャッスル

24話

コン ブ ド チャ ラ ゴ ソンギョク ド チョ コ ナ ム ラル テ オム ヌン ア イ ジャ ナ
공부도 잘하고 성격도 좋고 나무랄 대 없는 아이잖아

勉強はできるし、性格もいいし、申し分ないじゃない

ナ ム ラル テ オプ タ
나무랄 데 없다

非の打ち所がない / 申し分ない

直訳は「咎めるところがない」。나무라다（ナムラダ）は「叱る」という意味なので、責め立てるところがなく完璧という意味になります

イカゲーム

6話

ウ リ ヌン ッカン ブ ジャ ナ キ オク アン ナ
우리는 깐부잖아? 기억 안 나?

私たちは相棒じゃないか。忘れたのか?

ッカン ブ
깐부

同盟 / 仲間 / 相棒

メンコやビー玉遊びをするときに同盟を結び味方になることを指す。それによりビー玉などの道具を共同で管理し、一つのチームとしてまとまって行動ができる

愛の不時着

(4話)

チェ ガ ウォルレ ナ メ センパ エン アン カ ヌン ゲ ウォンチ ギ ラ チュエ ソン
제가 원래 남의 생파엔 안 가는 게 원칙이라 , 죄송
人の誕パには 行かない主義なんです ごめん

セン パ
생파
誕生日パーティー

생일 파티 (センイル パティ)「誕生日パーティー」の略。昔からある俗語ですが、今でも若者の間で使われています

海街チャチャチャ

(8話)

ト チ ペ イ ガ チョン オプ タ ヌン ゴッ ト ピョンギョ ニ ヤ
더치페이가 정 없다는 것도 편견이야
割り勘が水くさいなんて偏見だ

ト チ ペ イ
더치페이
割り勘

더치 は、Dutch「オランダの」という意味で、そこに pay「支払い」が合わさった韓製英語で、「オランダ式の支払い」を意味します

社内お見合い

(3話)

ネ ガ ボ ギ エ ヌン サン プ ムヮ ハ ギ エ ヌン ッタ ギ ヤ
내가 보기에는 상품화하기에는 딱이야
商品化にピッタリだと思うよ

ッタク
딱
ピッタリ / ちょうど

딱 맞아 (ッタク マッタ)「ピッタリ合ってる」딱 좋아 (ッタク チョア)「ちょうどいい」など、会話ではよく出てくる副詞の一つです

スラング編

137

愛の不時着

クロチョ アジョッシ パガジ ッチュッ
그렇죠 ? 아저씨 바가지 , 쯧
やっぱり？おじさんったらぼったくりね

パ ガ ジ
바가지
ぼったくり

とんでもない金額で購入させられ損した時に使われる単語で、바가지 요금 (パガジヨグム)「ぼったくり料金」바가지를 쓰다 (パガジルルッスダ)「ぼったくられる」という風に使われます

SKY キャッスル

チャシク チャル キ ウォ エ ガ チョ ロ ケ ッサ ガ ジ ガ オプ ソ ソ トゥェ ゲン ニ
자식 잘 키워 , 애가 저렇게 싸가지가 없어서 되겠니 ?
まともに子育てしたら？あなたの子は礼儀知らずよ

ッサ ガ ジ ガ オプ タ
싸가지가 없다
礼儀がない

싸가지가 없다는、「将来うまくいく可能性がない」という意味ですが、一般的に使われている意味は、「（目上の人に対して）礼儀がない」や「生意気だ」といった（人を）ナメているという表現で使われています

社内お見合い

ハ リ ッシ チン グ ドゥル ウィ ヘ ッソル テ ニ ッカ マ ウム ッコッ トゥ セ ヨ
하리 씨 친구들 위해 쏠 테니까 마음껏 드세요
ハリさんのお友達だ。僕が奢るので存分に召し上がってください

ッソ ダ
쏘다
奢る

自分が誰かに奢ってあげるときに使われる表現です。오늘은 내가 쏜다！(オヌルンネガッソンダ)「今日は私が奢る！」

ウ・ヨンウ弁護士は天才肌 1話

ネ　センガ　ギッチャルバンネ　　　イジェラド　ア ショッス ニ トゥェッスム ニ ダ
내 생각이 짧았네. - 이제라도 아셨으니 됐습니다
私の考えが甘かったよ。- わかればいいんです

センガ　ギ　ッチャルッタ
생각이 짧다

考えが甘い / 浅はかだ

생각이 길다 (センガギ キルダ)「考えが長い」にしても反対の意味にはならないので注意しましょう

イカゲーム 6話

チグム　タドゥル　ナ ラン　カ チ　ハ ゴ　シプンデ　ヌンチ　ポ ヌン　ゴ ジ
지금 다들 나랑 같이 하고 싶은데 눈치 보는 거지
一緒にやりたいくせに遠慮してるんでしょ

ヌン チ ルル　ポ ダ
눈치를 보다

様子をうかがう / 顔色を伺う

空気を読むように様子を伺う時に使われる表現です。눈치には「勘、気、顔色、」などの意味があり、相手の気持ちを読み取ったり、察するときに使われます

それでも僕らは走り続ける 15話

アン ジュ ロ ヌン　メ ニュ ル ル　コル ラ　ボン　チョ ギ　チャル オプ ソ ソ　ナ　アル ッス　ジャ ナ ヨ
안주로는 메뉴를 골라 본 적이 잘 없어서 나 알쓰잖아요
おつまみを選んだことがなくて。お酒弱いから

アル ッス
알쓰

お酒の弱い人

알콜 쓰레기 (アルコルッスレギ) の略語。쓰레기 (ッスレギ) は本来「ゴミ」という意味ですが、「ブス」などの悪口スラングとしても使われるので使用の際は要注意

スラング編

ウ・ヨンウ弁護士は天才肌

クンデ ムォ ウ ピョナンテヌン ッコミンガ チョンジェニッカ クロチョ
근데 뭐, 우 변한테는 껌인가? 천재니까, 그렇죠?
でもウ弁護士なら朝飯前かな。天才なんでしょ？

ッコミ
껌
楽勝 / 余裕 / 朝飯前だ

直訳は「ガム」。ガムは安く、小さいので誰でも簡単にいつでも食べられる存在。そんなガムから、苦労しなくても簡単にという意味が生まれました

愛の不時着

チャギヌン ナ ハンテ イ モ ティコ ヌル ポ ネン チョ ギ オ ブッコ ヌル イル シプ
자기는 나한테 이모티콘을 보낸 적이 없고 늘 읽씹…
連絡するのは俺ばかりで彼女はいつも既読スルー

イル シプ
읽씹
既読スルー / 既読無視

읽고 씹기 (イッコッシッキ) の略。씹다 (ッシッタ) は「噛む」の意味と「反応をしない / 返事をしない」という意味でもよく使われえます

社内お見合い

ハ リッシ ガ トゥン ット ラ イ ヌン チョ ウ ミ ラ シン ソ ネッ コ ドゥ ニョ
하리씨 같은 또라이는 처음이라 신선했거든요
ハリさんみたいにイカれた人は初めてで、新鮮だったんです

ット ラ イ
또라이
イカれた人 / 狂った人

돌아이という돌아버린 아이 (トゥラボリンアイ)「気が狂った子供」からきており、発音していくうちに또라이になったとされ、最近は、바보 (パボ)「バカ」멍청이 (モンチョンイ)「間抜け」よりもさらに悪い表現として使われています

愛の不時着

8話

ッパルリ ナ ガ ゴ シプン マ ウムップニ ニッカ ネ パルモク チャプ チ マ ヨ
빨리 나가고 싶은 마음뿐이니까 내 발목 잡지마요

早くここを出たいの。邪魔しないで

パル モ グル チャプ タ
발목을 잡다

足を引っ張る / 誰かの邪魔をする

直訳は「足首を掴む」。「邪魔をする」以外にも弱みを掴むという意味もある

社内お見合い

1話

ムォ ヤ チョル デ エ ヤン ダ リ コル チン ミ チンニョン トゥエッチャ ナ
뭐야, 졸지에 양다리 걸친 미친년 됐잖아

なんなの、いきなり二股かけた狂った人になっちゃったじゃん

ヤン ダ リ ルル コル チ ダ
양다리를 걸치다

二股をかける

直訳は「両足をかける」。日本語では「股」ですが、韓国語では「足」と表現されます。

スラング編

賢い医師生活

シーズン2 5話

クン デ ヒョング ムン ケ ップル アル ゴ ボ ニ タ ビ ジェ チョ ダン エ
근데 현금은 개뿔 알고 보니 다 빚에, 저당에

現金どころか調べたらとんでもない。　全部 借金や担保

ケ ップル
개뿔

ありえない / とんでもない

개（犬）＋뿔（角）。元は、쥐불（チュイブル）「ネズミの角」だったのが馴染みのある動物の犬に変わったとされるが、諸説あり。犬とネズミ、どちらにしても角はないので、ありえないという意味です

これで一気にネイティブ感！？
SNSやトークアプリで使われる表現

頑張って勉強して正しい単語や文法を覚えても、いざ韓国語でSNSやトークアプリを使ってみるとなんだか冷たい印象に…。もっと砕けた、ネイティブっぽい表現が使いたい！そんな人のために、韓国人がSNSやトークアプリで使っている、簡単でかわいらしい表現を紹介します。

パッチムを追加する

ネ
네：はい
一般的な「はい」

ネン
넹：はい〜
네にパッチム "ㅇ" を付けることで、軽くてかわいらしい雰囲気に

ネンネン
넹넹：はいはい〜
넹넹と連続して書くと、より積極的なイメージになります！

ア ニ ヨ
아니요：いいえ
一般的な「いいえ」

ア ニ ヨン
아니용：いいえ〜
아니요で否定する際も、パッチム "ㅇ" を付けると重い雰囲気になりません

初声（単語の子音）

ㅇㅋ：오케이（オケイ）
「オッケー」の初声

ハングルは「子音」と「母音のパッチム」でできていますが、SNSやトークアプリでは、子音部分（＝初声）だけを書いて簡潔にメッセージのやりとりをすることがあります。

ㄱㅅ：감사（カムサ）
「感謝」の初声

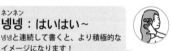

ㅊㅋ：축하한다「おめでとう」の発音［추카한다／チュカハンダ］の初声

ㅅㄱ：수고해（スゴヘ）
「お疲れ」の初声

※いずれもフランクな表現のため、公的な文章等には使わないよう注意！

第6章

コヤンイド チプサルル サランハニッカヨ
猫も飼い主を愛してます

名シーン 22 選

ネタバレ注意！？
話題のドラマから、名シーン 22 を厳選
大好きなあのシーンから韓国語がわかる、学べる！

ウ・ヨンウ弁護士は天才肌 1話

イ サンハン ピョノ サ ウ ヨンウ

이상한 변호사 우영우

ヨンウ **フェサエソヌン ハミョン アン ドゥェヌン ゲ マンスムニダ**
職場では禁止事項が多いです

ナメ マルッタラ ハギ オンットゥンハン ソリ
おうむ返し　変な発言

キロギ トマト スウィス インドイン ピョルットンピョル
キツツキ　トマト　スイス…

ソルジカン マル カトゥン ゴヨ
正直に言うこと

ジュノ **クレヨ モルランネ**
そうですか？　知らなかったな

ヨンウ **トゥキ コレイェギヌン ハミョン アン ドゥェムニダ**
特にクジラの話はダメです

ジュノ **ッコク ピリョハン サンフゥンイ アニミョンニョ**
必要な時以外は

クンデ ピョノサニミラン チョラン ドゥルマン イッスルッテヌン
でも僕たちが2人でいる時は

クニャンヘド トゥェジア ヌルッカヨ
してもいいのでは？

Story

自閉スペクトラム症を持ち、ソウル大学を首席で卒業した新人弁護士・ウ・ヨンウ（パク・ウンビン）はクジラとキンパ（海苔巻き）が大好き。会話のぎこちなさや自身のルーティンに強いこだわりのあるヨンウだが、粘り強さと独自の着眼点で様々な事件を解決していく。

ムン・ジウォン脚本 , ウ・ヨンウ弁護士は天才肌 , パク・ウンビン , カン・テオ出演 ,2022,ENA

解説

영우（ヨンウ） 회사에서는 하면 안 되는 게 많습니다（フェサエソヌン ハミョン アン ドゥェヌン ゲ マンスムニダ）

남의 말 따라 하기 , 엉뚱한 소리（ナメ マル ッタラ ハギ , オンットゥンハン ソリ）

기러기 , 토마토 스위스 , 인도인 , 별똥별（キロギ , トマト スウィス , インドイン , ピョルットンビョル）

솔직한 말 같은 거요（ソルジカン マル カトゥン ゴヨ）

준호（ジュノ） 그래요 ? 몰랐네（クレヨ ? モルランネ）

영우（ヨンウ） 특히 고래 얘기는 하면 안 됩니다（トゥキ コレ イェギヌン ハミョン アン ドゥェムニダ）

준호（ジュノ） 꼭 필요한 상황이 아니면요（ッコク ピリョハン サンフヮンイ アニミョンニョ）

근데 변호사님이랑 저랑 둘만 있을 때는（クンデ ピョノサニミラン チョラン ドゥルマン イッスル ッテヌン）

그냥 해도 되지 않을까요 ?（クニャン ヘド トゥェジ アヌルッカヨ ?）

따라 하다（ッタラ ハダ）: 真似する

엉뚱하다（オンットゥンハダ）: 突拍子もない

솔직하다（ソルチカダ）: 率直だ、正直だ

상황（サンファン）: 状況

Point

動詞・形容詞・存在詞の語幹＋ㄹ / 을까요？→（私が・私たちが）しましょうか？/ ～でしょうか？

★パッチム無しの動詞・形容詞の語幹＋ㄹ까요？

（例）자가 쓰레기를 버릴까요？私がゴミを捨てましょうか？

★パッチム有りの動詞・形容詞・存在詞の語幹＋을까요？

（例）크리스마스 케이크는 뭐가 좋을까요？クリスマスケーキは何が良いでしょうか？

＊ 語幹にパッチム“ㄹ”が付いてる場合は、"ㄹ"が脱落し ㄹ까요 をつけます

名シーン22選

ウ・ヨンウ弁護士は天才肌 16話

イ サンハン ピョノ サ ウ ヨン ウ
이상한 변호사 우영우

ジュノ	ピョノサニムル ヒャンハン チェ マウムンニョ
	ウ弁護士への僕の気持ちは
	ッコク コヤニルル ヒャンハン ッチャクサラン ガタヨ
	猫に片思いしてるのと似ています
ヨンウ	コヤニルル ヒャンハン ッチャクサランイヨ
	猫に片思いですか？
ジュノ	コヤニヌン カックムッシク チプサルル ウェロプッケ マンドゥルジマン
	猫は時々 飼い主を悲しませるけど
	クマンクミナ チャジュ ヘンボカゲ マンドゥロヨ
	同じくらい幸せにしてくれる
	（中略）
ヨンウ	コヤニルルヒャンハン ッチャクッサランイラヌン マルン プジョクチョラムニダ
	"猫に片思い"という表現は不適切です
	コヤンイド チプサルル サランハニッカヨ
	猫も飼い主を愛してます
ジュノ	ア …ネ
	はい
ヨンウ	クロニッカ ウリ ヘオジジ マラヨ
	だから別れるのはやめましょう

16話 Story

「サンヒョン（チェ・ヒョンジン）に証言させるよう、テ・スミ（ジンギョン）を説得する」と国会へ向かうヨンウ（パク・ウンビン）に同行したジュノ（カン・テオ）は、車の中でヨンウに復縁を持ちかける。

ムン・ジウォン脚本, ウ・ヨンウ弁護士は天才肌 , パク・ウンビン , カン・テオ出演 ,2022,ENA

解説

준호 변호사님을 향한 제 마음은요

꼭 **고양이를 향한 짝사랑 같아요**

영우 고양이를 향한 짝사랑이요 ?

준호 고양이는 가끔씩 집사를 외롭게 만들지만

그만큼이나 자주 행복하게 만들어요

영우 고양이를 향한 짝사랑이라는 말은 **부적절합니다**

고양이노 **집사를 사랑하니까요**

준호 아…네

영우 **그러니까** 우리 헤어지지 말아요

고양이 : 小さい猫、子猫

名詞＋같아요
: ～みたいです

부적절 : 不適切

집사
: 執事、猫を飼っている人

그러니까 : だから、ですから

名シーン22選

Point

動詞・形容詞の語幹＋게 만들다 →　～させる / ～するように仕向ける

- ＊ある状況を別の方向に持っていくニュアンスがあります
- ＊パッチムがあってもなくてもそのまま付ければ大丈夫です。
- （例）사람을 기쁘게 만드는 드라마가 좋아요 . 人を喜ばせるドラマが良いです。

イカゲーム 5話

オジンオ ゲイム
오징어 게임

フロントマン　**ノフィドゥルン イゴセソ カジャン チュンヨハン ゴルマンチョ ヌヮッソ**
お前たちはここでもっとも大切なことを台無しにした

ピョンドゥンイヤ
"平等"だ

イ ゲイム アネソン モドゥガ ピョンドゥンヘ
ゲームでは皆が平等なのだ

チャムガジャドゥル モドゥガ カトゥン チョッコネソ コンピョンハゲ キョンジェンハジ
参加者全員が同じ条件のもとで競う

パッカッセサンエソ ブルピョンドゥングヮ チャビョレシ ダルリョ オン サラムドゥレゲ
不平等と差別に苦しんできた人々に

ピョンドゥンハゲッサウォソ イギルス インヌンマジマッ キフェルル チュヌン ゴヤ
公平に競える最後のチャンスを与えるのだ

Story

多額の借金を負い、人生崖っぷちのギフン（イ・ジョンジェ）はある日地下鉄でスーツ姿の男（コン・ユ）からメンコに誘われ勝利する。男はギフンにもっと高い賭け金のゲームをしないかと持ちかけるが、それはプレイヤーの死者数で賞金が決まる死のゲームだった。

ファン・ドンヒョク監督, イカゲーム, イ・ジョンジェ, パク・ヘス出演, 2021, Netflix

名シーン22選

解説

프론트맨
<small>フ ロン トゥ メン</small>

너희들은 이곳에서 가장
<small>ノ フィドゥル ン　イ ゴ セ ソ　カ ジャン</small>

중요한 걸 망쳐 놨어
<small>チュン ヨ ハン ゴル　マン チョ ヌ ッソ</small>

평등이야
<small>ビョンドゥン イ ヤ</small>

이 게임 안에선 모두가
<small>イ　ゲ イム　ア ネ ソン　モ ドゥ ガ</small>

평등해
<small>ビョンドゥン ヘ</small>

참가자들 모두가 같은
<small>チャム ガ ジャ ドゥル　モ ドゥ ガ　カ トゥン</small>

조건에서
<small>チョッ コ ネ ソ</small>

공평하게 경쟁하지
<small>コン ビョン ハ ゲ　キョンジェン ハ ジ</small>

바깥세상에서 불평등과
<small>バ ッカッ セ サン エ ソ　ブル ビョンドゥン グゥ</small>

차별에
<small>チャ ビョ レ</small>

시달려 온 사람들에게
<small>シ ダル リョ オン　サ ラム ドゥ レ ゲ</small>

평등하게 싸워서 이길
<small>ビョンドゥン ハ ゲ　ッサ ウォ ソ　イ ギル</small>

수 있는
<small>ス　イン ヌン</small>

마지막 기회를 주는 거야
<small>マ ジ マッ キ フェ ル ル　チュ ヌン　ゴ ヤ</small>

평등 <small>ビョンドゥン</small>：平等

게임 <small>ゲ イム</small>：ゲーム

참가자 <small>チャ ン ガ ジャ</small>：参加者

조건 <small>チョッ コン</small>：条件

공평 <small>コン ビョン</small>：公平

경쟁 <small>キョンジェン</small>：競争

차별 <small>チャ ビョル</small>：差別

시달리다 <small>シ ダル リ ダ</small>：苦しめられる

Point

動詞・存在詞の語幹＋는 거야 → ～してるんだよ / ～してんだよ

＊自分の意志や決意を主張する時に使う

＊パッチムがあってもなくても、そのまま付ければ大丈夫です。

（例）대체 저걸 어떻게 먹는거야.　一体あれをどうやって食べるんだよ

＊語幹にパッチム"ㄹ"が付いてる場合は、"ㄹ"が脱落し 는 거야 をつけます

（例）오늘부터 같이 여기서 사는 거야.　今日から一緒にここで暮らすんだよ

イカゲーム 8話

オジノ ゲイム
오징어 게임

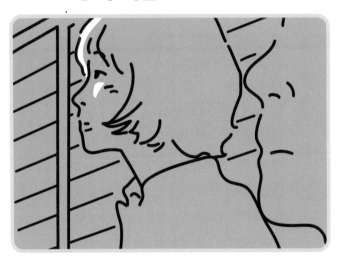

セビョク **ナラン ヤクソク ハナマンへ**
私と約束して

ギフン **ムスン ヤクソク**
何の約束？

セビョク **アジョッシドゥン ナドゥン**
おじさんと私

トゥル チュンハン ミョンイ サラソ ヨギナガミョン ソロ ナムンカ ジョク チェンギョ ジュギロ
生き残った方がお互いの家族の面倒を見るって約束

ギフン **クロン ソリ ハジマ**
そんなこと言うな

チョノム ジェッキゴ ノラン ナランナガミョン トゥェ
あいつを倒して2人で出よう

セビョク **クレド ヤクソケ ジュォ**
でも約束して

ネ トンセン ッコク チェンギョ ジュンダゴ
私の弟を守るって

8 話 Story

残るゲームは1つ。参加者もギフン（イ・ジョンジェ）、サンウ（パク・ヘス）、セビョク（チョン・ホヨン）の3名のみとなった。最終ゲームの前夜、飛び石ゲームで人知れずケガを負ったセビョクは、遠のく意識の中ギフンにかつての約束を持ちかける。

ファン・ドンヒョク監督 , イカゲーム , イ・ジョンジェ , パク・ヘス出演 ,2021,Netflix

解説

새벽 セビョク
나랑 **약속** 하나만 해
ナラン ヤクソク ハナマン ヘ

약속：約束
ヤクソク

기훈 ギフン
무슨 약속 ?
ムスン ヤクソク

새벽 セビョク
아저씨든 나든
ア ジョッシ ドゥン ナ ドゥン

둘 중 한 명이 살아서 여기 나가
トゥル チュン ハン ミョン イ サラ ソ ヨギ ナガ

면 서로 남은 가족 **챙겨 주 기로**
ミョン ソロ ナムン ガジョク チェンギョ ジュ ギロ

名詞＋（이）든
イ ドゥン
：～であれ、でも

名詞＋중：～中、中で
チュン

챙겨주다
チェンギョジュダ
：面倒を見てあげる、助けてあげる

기훈 ギフン
그런 소리 하지 마
クロン ソリ ハジ マ

저놈 제끼고 너랑 나랑 나가면 돼
チョ ノム ジェッキ ゴ ノ ラン ナ ラン ナ ガ ミョン トゥェ

動詞の語幹＋기로 하다
ギロ ハダ
：～することにする

새벽 セビョク
그래도 약속해 줘
クレド ヤクソ ケ ジュォ

내 동생 꼭 챙겨 준다고
ネ トン セン ッコク チェン ギョ ジュン ダ ゴ

제끼다
ジェッキ ダ
：（物事を）さっさと処理する

名シーン22選

Point

動詞の語幹＋ㄴ/는다고 → ～すると/～だと/って

★パッチム無しの動詞の語幹＋ㄴ다고
　(例)친구가 내일 제주도에 간다고 해요.　友達が明日、済州島に行くといいます。

★パッチム有りの動詞の語幹＋는다고
　(例)매운 음식을 잘 먹는다고 들었어요.　辛い食べ物をよく食べると聞きました。
　＊パッチム"ㄹ"付いている場合は"ㄹ"が脱落し、"ㄴ다고"がつく。

今 私たちの学校は…

2話

지금 우리 학교는
チグム ウリ ハッキョヌン

デス	**アイ ムォンデ ムスン ニリンデ**
	一体何事だ？
ギョンス	**モルジ**
	さあな
チョンサン	**ヤブサネンイダ**
	まるで『新感染（＊韓国原題は『釜山行き』）』だ
	ムォレ ピョンシン　アイ
	たわけたことを
	ジョムビ アニヤ イ ゴットク カッチャナ
	みんなゾンビ化してる
デス	**ジョムビガ ウェ ハッキョエ ナワ ヨンフヮエ ナワヤジ**
	ゾンビは映画の話だろ
チョンサン	**ワソ ブヮ チンッチャラニッカ**
	外を見てみろ
デス	**ブヮヤ ドゥェ**
	見ろって？

Story

今、私たちの学校がゾンビウイルスの発生源に！ハムスターから広がったウイルスでゾンビ化パンデミックが起こり、孤立無援の窮地に立たされたナム・オンジョ（パク・ジフ）ら高校生たちが生き残りをかけた戦いを繰り広げる。

イ・ジェギュ監督 , 今、私たちの学校は…, パク・ジフ , パク・ソロモン出演 , 2022, Netflix

解説

デ ス
대수　아이 , 뭔데 , 무슨 일인데 ?
　　　　アイ　ムォンデ　ムスン ニ リン デ

ギョン ス
경수　모르지
　　　　モ ル ジ

チョン サン
청산　야 , '부산행' 이다
　　　　ヤ　　ブ サ ネン　イ ダ

　　　　뭐래 , 병신 , 아이
　　　　ムォ レ　ビョン シン　アイ

　　　　좀비 아니야 , 이거 ? 똑같잖아
　　　　ジョム ビ　ア ニ ャ　イ ゴ　ットク カッ チャ テ

デ ス
대수　좀비가 왜 학교에 나와
　　　　ジョム ビ ガ ウェ ハッ キョ エ ナ ワ

　　　　영화에 나와야지
　　　　ヨン フヮ エ ナ ワ ヤ ジ

チョン サン
청산　와서 봐 , 진짜라니까 ?
　　　　ワ ソ ブヮ　チン ッチャ ラ ニ ッカ

デ ス
대수　봐야 돼 ?
　　　　ブヮ ヤ ドゥェ

ブ サ ネン
부산행：釜山行き

ビョンシン
병신：体の不自由な人、
知能などが劣る人

＊相手を侮辱する表現になるので実際に使うのは避けましょう

ジョム ビ
좀비：ゾンビ

ヨンフヮ
영화：映画

名シーン22選

Point

名詞＋(이)라니까 →　〜だってば　＊意見を繰り返し強調する働きをもつ

★パッチム無しの名詞＋라니까

　(例)내 우산을 가져가라니까.　私の傘を持っていきなってば

★パッチム有りの名詞＋이라니까

　(例)이번이 처음이라니까.　今回が初めてだってば

今 私たちの学校は… 12話

チグム　ウリ　ハッキョ　ヌン
지금 우리 학교는

オンジョ	**ウリラン カチ イッチャ** 一緒にいよう
	ウリッキリミョン クェンチャナ 私たちは大丈夫だから
ナムラ	**カチ アン イッソド ウリ チングジャナ** 一緒にいなくても友達よ
	マッチ？ でしょ？
	アニヤ？ 違う？
スヒョク	**アニ マジャ** いや、違わない
	オディ イッソド ウリン チングヤ どこにいても俺たちは友達だ
ナムラ	**クロム トゥェッソ** それだけで十分

12話 Story

爆風からどうにか難を逃れたオンジョ（パク・ジフ）たち。半ゾンビ化したナムラ（チョ・イヒョン）は人に噛みつきたい衝動と戦うが、ついにはオンジョを襲いそうになり、自ら友人たちと離れようとする。

イ・ジェギュ監督 , 今、私たちの学校では…, パク・ジフ , パク・ソロモン出演 , 2022, Netflix

解説

온조 우리랑 같이 있자
ウリ ラン カチ イッチャ

우리끼리면 괜찮아
ウリ ッキ リ ミョン クェンチャ ナ

> ッキリ
> 끼리 : 同士

남라 같이 안 있어도 우리 친구잖아
カチ アン イッソ ド ウリ チング ジャ ナ

맞지 ?
マッ チ

아니야 ?
ア ニ ヤ

수혁 아니 , 맞아
ア ニ マ ジャ

어디 있어도 우린 친구야
オ ディ イッ ソ ド ウ リン チン グ ヤ

> オ ディ イッ ソ ド
> 어디 있어도
> : どこにいても

> ウ リン　 ウ リ ヌン
> 우린 （우리는）
> : 私たちは

남라 그럼 됐어
ク ロム トゥェッソ

> ク ロム トゥェッソ
> 그럼 됐어
> : ならいいよ、
> それならいい

Point

用言の語幹＋(이)잖아 → ～でしょ／～じゃん

（例）여기서 회사까지 좀 멀잖아　 ここから会社までちょっと遠いじゃん

＊動詞・形容詞はパッチムがあってもなくてもそのまま付ければ大丈夫です。

★パッチム無しの名詞＋잖아 （例）실수 아니고 고의잖아.　ミスでもなく故意でしょ

★パッチム有りの名詞＋이잖아 （例）그건 반칙이잖아.　それは反則じゃん

気象庁の人々：社内恋愛は予測不能?!

3話

キ サンチョン サ ラムドゥル　サ ネ ヨ ネ チャ ノク サ ピョン

기상청 사람들 : 사내연애 잔혹사 편

※原題は『気象庁の人々：社内恋愛残酷史編』

シウ　**ナヌン ッサムン アンタムニダ**
僕は中途半端な関係はイヤです

ハギョン　**ヤ ヌガ ノハンテ ッソム タジェ**
私だって望んでない

シウ　**クロム サグィルレヨ**
じゃあ付き合う？

ハギョン　**ムォヤ ハン ボン チャッタゴ サグィジャゴ アン ハンダミョ**
寝ても付き合わないんじゃ？

シウ　**ナマン チョアハンダゴ サグィジャゴ ハル スン オプスニッカ**
僕だけが好きでも付き合えないじゃないですか

　　　チョウミョン サグィヌン ゴゴ
好きなら付き合うし

　　　アニミョン マヌン ゴイェヨ
嫌なら付き合わない

　　　オヌッチョギエヨ
どっちですか？

Story

婚約者とのひどい別れから、もう二度と社内恋愛はしないと誓った気象庁・総括予報官のハギョン（パク・ミニョン）。しかし、新しくチームに入った風変わりだが芯を持っているシウ（ソン・ガン）と、またしても社内恋愛することとなり！？

チャ・ヨンフン監督 , 気象庁の人々 , パク・ミニョン , ソン・ガン出演 , 2022, JTBC

解説

시우　나는 쌤은 안 탑니다
_{シ ウ　ナ ヌン ッサムン アン タム ニ ダ}

하경　야 , 누가 너한테 썸 타재 ?
_{ハ ギョン　ヤ 　ヌ ガ ノ ハン テ ッソム タ ジェ}

시우　그럼 , 사귈래요 ?
_{シ ウ　ク ロム　サ グィル レ ヨ}

하경　뭐야 , 한 번 잤다고
_{ハ ギョン　ムォ ヤ　ハン ボン チャッ タ ゴ}
　　　사귀자고 안 한다며
_{サ グィ ジャ ゴ アン ハン ダ ミョ}

시우　나만 좋아한다고
_{シ ウ　ナ マン チョ ア ハン ダ ゴ}
　　　사귀자고 할 순 없으니까
_{サ グィ ジャ ゴ ハル スン オプ ス ニッ カ}
　　　좋으면 사귀는 거고
_{チョ ウ ミョン サ グィ ヌン ゴ ゴ}
　　　아니면 마 는 거예요
_{ア ニ ミョン マ ヌン ゴ イェ ヨ}
　　　어느 쪽이에요 ?
_{オ ヌ ッチョ ギ エ ヨ}

자다 · 寝る
_{チャ ダ}

動詞の語幹 + 재 (자고)
_{ジェ ジャ ゴ}
：～しようと

動詞の語幹 + ㄹ / 을 순
_{ル ウルスン}
없다 (= ㄹ / 을 수 없다)
_{オプ タ　ル ウル ス オプ タ}
：～できない ※強調

말다：(途中で) やめる
_{マルダ}

어느 쪽
_{オ ヌ ッチョク}
：どちら、どっち

名シーン22選

Point

動詞の語幹 + ㄴ / 는 며 → ① ～と言いながら ② ～と言ったくせに (逆説を表す)

＊ 다고 하면서 の縮約形が "-다면서" になります。さらにその縮約形が今回の "-며" です。
★パッチム無しの語幹 + ㄴ 다며
　(例) 친구는 집에 간다며 지하철을 탔어요. 友達は家に行くと言いながら地下鉄に乗りました
★パッチム有りの語幹 + 는 다며
　(例) 담배 끊는다며. タバコやめるって言ったくせに
　＊ 語幹にパッチム "ㄹ" が付いてる場合は、"ㄹ" が脱落し ㄴ 다며 をつけます。

気象庁の人々：社内恋愛は予測不能?! 6話

キ サンチョン　サ ラムドゥル　　サ ネ ヨ ネ　チャ ノク サ ピョン
기상청 사람들 : 사내연애 잔혹사 편

※原題は『気象庁の人々：社内恋愛残酷史編』

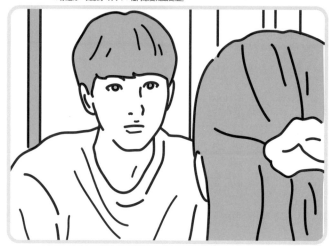

ハギョン　ハナマン ヤクソケ ジュルレ
　　　　ひとつだけ約束して

シウ　　ムォルリョ
　　　　何ですか？

ハギョン　ホクシラド ニ マウミ ピョナミョン
　　　　もし心変わりしたら

　　　　ナハンテ チェイル モンジョ イェギヘ ジュォ
　　　　まず私に話してほしい

　　　　ニ マウミ フンドゥルリョド ナハンテ カジャン モンジョ イェギヘ ジュォ
　　　　心が揺らいでるときも言ってほしい

　　　　ムルロン ニ マウミ ピョナヌン ゴン ノム スルプン ニリジマン
　　　　あなたが心変わりしたら悲しいけど

　　　　クボダト カスム アプン ニルン
　　　　それより心が痛むことは

　　　　ネガ モルヌン チェ キョンヌン ゴヤ
　　　　私が何もしらないこと

6話 Story

父親との関係で苦しむシウ（ソン・ガン）に母から教わった手料理を振る舞ったハギョン（パク・ミニョン）は、かつて自分の父が不渡りを出して1人で首を吊った過去と共に、「1人で苦しむより話してほしい」と語る。

チャ・ヨンフン監督，気象庁の人々，パク・ミニョン，ソン・ガン出演，2022, JTBC

解説

하경 하나만 약속해 줄래?
ハ ギョン　ハ ナ マン ヤクソケ ジュルレ

시우 뭘요?
シ ウ　ムォルリョ

하경 혹시라도 네 마음이 변하면
ハ ギョン　ホク シ ラ ド ニ マ ウ ミ ビョナミョン

나한테 제일 먼저 얘기해 줘
ナ ハン テ チェイル モン ジョ イェ ギ ヘ ジュォ

네 마음이 흔들려도 나한테 가장 먼저 얘기해 줘
ニ マ ウ ミ フンドゥルリョド ナ ハンテ カジャン モンジョ イェ ギ ヘ ジョォ

물론 네 마음이 변하는 건 너무 슬픈 일이지만
ムル ロン ニ マ ウ ミ ビョナ ヌン ゴン ノ ム スルプン イ リ ジマン

그보다 더 가슴 아픈 일우
ク ボ ダ ト カスム アプン イルウ

내가 모르는 채 겪는 거야
ネ ガ モ ル ヌン チェ キョンヌン ゴ ヤ

혹시라도
ホク シ ラ ド
：もしも、仮に

마음이 변하다
マ ウ ミ ビョナ ダ
：心が変わる、気が変わる

흔들리다
フンドゥル リ ダ
：揺れる、揺らぐ

動詞の語幹＋**는 채로**
ヌン チェ ロ
：〜ままで

겪다：経験する、接する
キョクタ

名シーン22選

Point

動詞語幹＋아/어줘 →　〜して（くれ）／〜してちょうだい

- -

＊語幹に「-아」と「-어」のどちらをつけるかは、語幹の最後の母音が陽母音（陽母音語幹 ㅏ、ㅗ）か、陰母音（陰母音語幹 ㅏ、ㅗ以外）かで決まります。

＊陽母音語幹には、「-아」、陰母音語幹には、「-어」がつきます。

★動詞語幹の陽母音語幹＋아줘　（例）내 손을 잡아 줘．私の手を掴んで

★動詞語幹の陰母音語幹＋어줘　（例）더우니까 문 좀 열어 줘．暑いからちょっと窓開けて

社内お見合い 7話

サネ マッソン
사내 맞선

ソンフン	**チンッチャイムニッカ チンッチャロ キオギ ハナド アンナヨ?** 本当に何も覚えてないんですか?	ヨンソ	**クィヨプタゴヨ** かわいい?
			ファナンダゴナ ファンダンハンゲ アニラ 気分を害したんじゃなくて?
ヨンソ	**ネ** はい		
		ソンフン	**ネ** はい
	チョド アラヨ チグム チェガ オルマ ナットライチョロム ポイルチ 変な女だと思われてもしかたありません		
		ヨンソ	**クンデ アッカヌン ソン クンヌン サイロ チネジャゴ** でも さっきは〝距離を保てばよかった〟と
	(中略)		
	チグム ウスン ゴイェヨ いま、笑いました?	ソンフン	**ムヒョイムニダナド** 無効にします
	ウェ ウソヨ どうして		**クリゴアプロ** もう二度と
ソンフン	**クィヨウォソヨ ヨンソッシガ** かわいくて ヨンソさんが		**タシ イッチ モタゲ ヘジュルケヨ** 忘れられなくしてあげる

Story

親友のヨンソ（ソル・イナ）から替え玉でのお見合いを頼まれたハリ（キム・セジョン）。そのお相手は、ハリの会社の新社長・テム（アン・ヒョソプ）だった！一方、ヨンソはテムの秘書のソンフン（キム・ミンギュ）と距離を縮め…。

パク・ソンホ監督, 社内お見合い, アン・ヒョソプ, キム・セジョン出演, 2022, SBS

解説

성훈 진짜입니까? 진짜로 기억이 하나도
안 나요?

> 기억이 나다
> : 思い出す、覚える

영서 네
저도 알아요 지금 제가 얼마나
또라이처럼 보일지

지금 웃은 거예요?
왜 웃어요?

> 웃다 : 笑う

성훈 귀여워서요, 영서 씨가

영서 귀엽다고요?
화난다거나 황당한 게 아니라?

> 화나다
> : 腹が立つ、ムカつく

성훈 네

> 動詞の語幹＋ㄴ/는 다거나
> : ～したりとか、
> ～するとか

영서 근데 아까는 선 긋는 사이로 지내자고

> 황당하다
> : あきれる、無茶苦茶だ

성훈 무효입니다, 나도
그리고 앞으로
다시 잊지 못하게 해 줄게요

> 무효 : 無効

Point

動詞の語幹＋지 못하다 → ～られない/～できない

＊パッチムがあってもなくてもそのまま付ければ大丈夫です

【"-지 못하다"のように"지"のあとに否定を表す言葉くる文法をしっかり押さえておきましょう！】

★動詞・形容詞の語幹＋지 않다 （例）가지 않다. 行かない/ 바쁘지 않아요. 忙しくない

★動詞の語幹＋지 말다 （例）가지 말다. 行くのをやめる

★動詞の語幹＋지 마 （例）가지 마. 行くな

＊"-지 말다"も"-지 마"も基本的に動詞に付きますが、"아프다"は例外で前につけることができます。

名シーン22選

社内お見合い （12話）

サ ネ マッソン
사내 맞선

ハリ　**ナ ハンテ プロポジュハヌン ゴイェヨ？**
今 私に　プロポーズを？

テム　**アルジャナ ナ シガン ナンビ シロハヌン ゴ**
僕が時間の浪費を嫌いなのは知ってるでしょう
ナト イサン モッテ オジョ イッケスニッカ
離れられないから
ウリ クマン キョロネヨ
結婚しましょう

ハリ　**クゴン カンテム ハヌン ゴ ブッソ**
今後の行い次第です

テム　**クェニ トゥィンギダガ ハリッシマン ソネイル テンデ**
じらすと損しますよ
アルジョナ タ バンミョ ヌロ チャラヌン ゴ
僕は多方面で尽くします

（指輪を受け取り、キスをしてから）

ハリ　**ア , カンテム ハヌン ゴ ブッソ**
今後の行いを見てからだってば

162

12話 Story

カン会長（イ・ドクファ）の治療のためアメリカに渡るテム（アン・ヒョソプ）に、同行を断ったハリ（キム・セジョン）。距離や時差で上手く恋愛ができない中テムのスキャンダル記事が出て、怒りのあまり渡米しようと空港へ向かったハリの前に現れたのは…。
パク・ソンホ監督, 社内お見合い, アン・ヒョソプ, キム・セジョン出演, 2022, SBS

解説

하리 나...한테 프러포즈하는 거예요 ?

태무 알잖아 , 나 시간 낭비
싫어하는 거 ?
나 더 이상 못 헤어져 있겠으니까
우리 그만 결혼해요

하리 그건 강태무 하는 거 봐서

태무 괜히 튕기다가 하리
씨만 손해일 텐데
알죠 , 나 다방면으로 잘하는 거

하리 아 , 강태무 하는 거 봐서

낭비 : 浪費

더 이상 : これ以上

튕기다
: ツンとする、
駆け引きで引く

動詞・形容詞の語幹 + 다가
: 〜していて、
〜しているうちに

잘하다 : 上手だ、得意

名シーン22選

Point

動詞・存在詞の語幹 + 는 거예요? → 〜するのですか / 〜しているのですか

＊相手に説明を求めたり、確認をするときに使う表現
＊動詞の語幹にパッチム " ㄹ " が付いている場合は " ㄹ " が脱落し、는 거예요をつけます
(例)이건 어디서 파는 거예요? これはどこで売ってるのですか？

二十五、二十一 ①話

スムルタソッ スムラナ

스물다섯 스물하나

イジン **ノ ウェ ポビ ミソンニョンジャルル ポホハヌン ジュル アラ？**
なぜ未成年者は法に守られていると？

サンサンニョギ プジョカギ ッテムニヤ
想像力に欠けるからだ

（中略）

イジン **イロン デオミョン ニ インセンエ オプソド トゥェヌン ニル**
こんなところでは　君の人生になくてもいいこと

オプソヤ トゥェヌン ニル オムヌン ゲ フォルッシン ナウン ニルドゥリ センギョ
あってはならないこと あってほしくないことが起こる

ナップン ニルル チョジルルッテ
悪さをするときの

ソンイネ サンサンニョククゥ ミソンニョンジャエ サンサンニョギ チョンジ チャイラソ
大人と未成年者の想像力は天と地ほど違うんだ

Story

1998年、経済危機下の韓国でフェンシングに打ち込む女子高生のヒド（キム・テリ）は、不況による廃部に伴い、フェンシング韓国代表で憧れのコ・ユリム（ボナ）と同じ高校に「強制転校」させられようと、わざと問題を起こす。

チョン・ジヒョン監督, 二十五、二十一 , キム・テリ, ナム・ジュヒョク出演 ,2022,tvN

解説

名シーン22選

イジン
이진 너 왜 법이 미성년자를

보호하는 줄 알아 ?

상상력이 부족하기 때문이야

이런 데 오면 네 인생에

없어도 되는 일

없어야 되는 일 없는

게 훨씬 나은 일들이 생겨

나쁜 일을 저지를 때

성인의 상상력과 미성년자의

상상력이 천지 차이라서

ミ ソンニョンジャ
미성년자 : 未成年者

ボ ホ ハ ダ
보호하다 : 保護する

ブ ジョカ ダ
부족하다 : 不足する

ナッタ
낫다
: ましだ、より良い、勝る

チョ ジ ル ダ
저지르다
: 犯す、しでかす

ソンイン
성인 : 成人

チョン チ チャ イ
천지 차이
: 天地の差、極めて大きい差

Point

動詞・存在詞の語幹＋ - 는 줄 알다 / 모르다 →　〜すると思う / 〜すると思わない

★動詞・存在詞の語幹＋ 는 줄 모르다
　(例) 진짜 부끄러워서 죽는 줄 알았다.　本当に恥ずかしくて死ぬかと思った
★動詞・存在詞の語幹＋ 는 줄 알다
　(例) 시간이 이렇게 빨리 가는 줄 몰랐어.　時間がこんなに早く進むと思わなかった
　＊語幹にパッチム〟ㄹ〝が付いている場合は〟ㄹ〝が脱落し、〟는 줄 알다 / 모르다〝がつきます
　(例) 같은 동네에 사는 줄은 몰랐어.　同じ町に住んでるとは思わなかった

二十五、二十一 9話

スムルタソッ スムラナ
스물다섯 스물하나

イジン **ノン ハンサン ナル オルン ゴスロ**
お前はいつも俺を正しい道

チョウン ゴスロ イックロ
いい場所へ導く

ヒド **クゲ ネガ センガカヌン ウリ クヮンギェエ チョンイヤ**
それが私たちの関係だと思う

イルムン ムジゲ
名付けて〝虹〟

マッタ ノン ムジゲ アニラゴ ヘッチャナ
そうだ　虹じゃないんだよね

ノ アジク テダブ アネッソ ムジゲ アニゴ ムォンジ
違うなら何なのかまだ答えてないよ

イジン **サラン サランイヤ**
愛だ　愛だよ

ナン ノル サランハゴ イッソ　ナ ヒド
俺はお前を愛してる　ナ・ヒド

ムジゲヌン ピリョ オプソ
〝虹〟は要らない

「あなたとの関係を表す言葉が見つからないなら、自分たちで決めればいい。例えば " 虹 " とか」というヒド（キム・テリ）に「虹ではない」と答えるイジン（ナム・ジヒョク）。その後、病院へ向かう橋の途中で 2 人は共に虹を見る。

チョン・ジヒョン監督, 二十五、二十一, キム・テリ, ナム・ジュヒョク出演, 2022,tvN

解説

이진 넌 항상 날 옳은 곳으로
좋은 곳으로 이끌어

희도 그게 내가 생각하는 우리
관계의 정의야
이름은 무지개
맞다 , 넌 무지개아니라고 했잖아
너 아직 대답 안 했어 무지개
아니고 뭔지

이진 사랑 사랑이야
난 널 사랑하고 있어 , 나희도
무지개는 필요 없어

옳다 : 正しい

곳 : 所、場所

이끌다 : 率いる、導く

정의 : 定義

무지개 : 虹

名シーン22選

Point

動詞の語幹＋고 있다 → 〜している

＊パッチムがあってもなくてもそのまま付ければ大丈夫です

【〜している-고 있다と-아/어 있다の違い】

2つの違いを簡単に表すと "動いているか、状態を表すか" です。

(例)今 도쿄에 살고 있습니다． 今、東京に住んでいます → 動きや状況の継続

(例)まだ 살아 있습니다． まだ生きています。→ 状態の継続

その年、私たちは 7話

グ ヘ ウ リ ヌン
그 해 우리는

ウン	**イキブニオッソ** そう この気持ちだった
	ノルマンナルッテ ハンサン ヌッキョットン イキブン 付き合ってた時と同じ気分
	サラム ハナ パボロ セウォ トゥゴ 僕はただ無力で
	ホンジャソ ハン コルムッシク モロジョ カヌン ゴ パラボギマン ハヌン イ キブン マリヤ 君がどんどん遠ざかるのを見ているしかない
ヨンス	**クゲ ムスン マリヤ** どういうこと？
ウン	**ノガ クェンチャンタ クロミョン ナヌン クレ クェンチャンクナ ヘヤ ヘッコ** 君の"大丈夫"を信じるしかないし
	ノガ アム イル オプソラミョン ネガ クェナン コクッチョン ヘックナ ヘヤ ヘッコ 何でもないと言われたらそれ以上心配できない
	ノガ ヘオジジャ クロミョン イユド モルゴ クレ クロジャ ヘヤ ヘッコ 別れようと言われたらただ受け入れるしかなかった
	（中略）
ウン	**チギョプッタ チョンマル** もう うんざりだ

Story

広告代理店のチーム長・ヨンス（キム・ダミ）とマイペースなイラストレーター・ウン（チェ・ウシク）。正反対ながら5年間交際し、「もう二度と会いたくない」と思い合っていた元恋人同士の2人が、別れから5年後再会する。

キム・ユンジン監督 , その年、私たちは , チェ・ウシク , キム・ダミ出演 ,2021-2022, SBS

解説

ウン
웅　イ　キ ブ ニ オッ ソ
이 기분이었어

널 만날 때 항상 느꼈던 이 기분
ノル　マン ナル ッテ　ハン サン　ヌッ キョットン　イ　キ ブン

사람 하나 바보로 세워 두고
サ ラム　ハ ナ　バ ボ ロ　セ ウォ　トゥ ゴ

혼자서 한 걸음씩 멀어져 가는
ホン ジャ ソ　ハン　コ ル ム ッシク　モ ロ ジョ　カ ヌン

거 바라보기만 하는 이 기분 말이야
ゴ　バ ラ ボ ギ マン ハ ヌン　イ　キ ブン　マ リ ヤ

ヨンス
연수　ク ゲ　ム スン　マ リ ヤ
그게 무슨 말이야

ウン
웅　ノ ガ　クェンチャン タ　ク ロ ミョン
너가 괜찮다 그러면

나는 "그래 , 괜찮구나" 해야 했고
ナ ヌン　ク レ　クェンチャン クナ　ヘ ヤ　ヘッコ

너가 "아무 일 없어" 라면
ノ ガ　ア ム　イル　オプ ソ　ラ ミョン

"내가 괜한 걱정 했구나" 해야 했고
ネ ガ　クェ ナン　コクッチョン ヘッ クナ　ヘ ヤ　ヘッコ

너가 헤어지자 그러면 이유도 모르고
ノ ガ　ヘ オ ジ ジャ　ク ロ ミョン　イ ユ ド　モ ル ゴ

"그래 , 그러자" 해야 했고
ク レ　ク ロ ジャ　ヘ ヤ　ヘッコ

ウン
웅　チ ギョプ タ　チョン マル
지겹다 , 정말

바보 : バカ
バ ボ

세우다 : 立てる、止める
セ ウ ダ

한 걸음씩
ハン コル ム ッシク
: 一歩ずつ、少しずつ

멀어지다
モ ロ ジ ダ
: 遠ざかる、遠くなる

기만 하다
キ マン ハ ダ
: してばかりいる

名シーン22選

Point

用言の語幹＋았 / 었 던 →～していた（思い出しながら）

★動詞・形容詞の陽母音語幹＋았던　（例）서울은 제가 어렸을 때 살았던 곳이에요 . ソウルは私が幼かった時に住んでた場所です

★動詞・形容詞の陰母音語幹 , 存在詞＋었던　（例）옛날에 자주 갔었던 추억의 가게예요 .　昔、よく行ってた思い出のお店です

　＊" ㅣ + ㅓ → ㅕ "になるので、느끼다＋었던 느꼈던「感じてた」

　＊もう終わっている過去のことを思い出しながら話す以外に、一回だけあった過去を回想する時にも使われます

　（例）아까 먹었던 케이크보다도 훨씬 더 맛있어 .　さっき食べたケーキよりも断然おいしい

その年、私たちは

11話

クヘ ウリヌン
그 해 우리는

ウン	**クニャンノガ ナル サランハヌン ゴル ポゴ シポンナ ブゥ** 僕は君に愛されたいんだ **ナマン ナマン サランハヌン ノル ポゴ シポンナ ブゥ** 僕だけを愛してくれる君に会いたかった **ヨンスヤ** ヨンス
ヨンス	**ウン** うん
ウン	**ナ チョム ケソッ サランヘ ジュォ** 僕を愛してほしい **ノチ マルゴ ケソッ ケソッ サランヘ** 二度と離さずに ずっと愛してくれ **プタギヤ** お願いだ

170

11話 Story

NJ（ノ・ジョンウィ）とウン（チェ・ウシク）の熱愛報道に嫉妬を抑えられなくなったヨンス（キム・ダミ）。一方、帰宅したウンは家に転がっていたナツメをスケッチするが、それはヨンスがウンに不眠用のお茶を淹れようと持ってきたものだと気づき…。

キム・ユンジン監督 , その年、私たちは , チェ・ウシク , キム・ダミ出演 ,2021-2022, SBS

解説

웅 그냥 , 너가 날 사랑하는 걸 보고 싶었나 봐
<small>クニャン ノガ ナル サラン ハ ヌン ゴル ボゴ シ ボンナ ブゥ</small>

나만 나만 사랑하는 널 보고 싶었나 봐
<small>ナ マン ナ マン サラン ハ ヌン ノル ボゴ シ ボンナ ブゥ</small>

연수야
<small>ヨン ス ヤ</small>

연수 **웅**
<small>ヨン ス</small> <small>ウン</small>

웅 나 좀 계속 사랑해 줘
<small>ナ チョム ケ ソッ サ ラン ヘ ジュォ</small>

놓지 말고 계속 계속 사랑해
<small>ノ チ マル ゴ ケ ソッ ケ ソッ サ ラン ヘ</small>

부탁 이야
<small>ブ タ ギャ</small>

動詞の語幹＋는 걸（것을）
<small>ヌン ゴル ゴ スル</small>
：〜するのを、することを

널（너를）：君を
<small>ノル ノ ルル</small>

パッチムのある名前＋야
<small>ヤ</small>
：〇〇（名前）！
＊人を呼ぶときに付ける助詞

놓다 . 直く、放す
<small>ノ タ</small>

부탁：お願い / 頼み
<small>ブ タク</small>

名シーン22選

Point

動詞・存在詞の語幹＋나 보다 → 〜みたいだ / 〜のようだ

＊ある状況を見て推測する時使う。パッチムがあってもなくてもそのまま付ければ大丈夫です。

(例) 요즘 이 화장품이 인기가 있나 봐요.　最近はこの化粧品が人気みたいです

動詞の語幹パッチム "ㄹ" が付いている場合は "ㄹ" が脱落し、나 보다をつけます

(例) 달에 토끼가 사나봐요.　月にウサギが住んでるみたいです

私の解放日誌 15話

ナ エ　ヘ バンイルジ
나의 해방일지

クッシ　**ヨムミジョン！**
ヨム・ミジョン！

ミジョン　**ッカムッチャギヤ**
びっくりした

クッシ　**イゴンマヌン アラ ドォラ**
絶対に忘れるな

　ナノ チンッチャ チョアヘッタ
本気で好きだった

　ナジュンエ ネガ オットケ マンガジョ イッスルチ ナド モルゲンヌンデ
これから俺がどうなるか自分でも分からない

　アムリ ブッド ソウルリョゲ イッスル コカトゥンデ
ソウル駅に住んでるかもな

　ムォ クチョネ フワク ックンナルス イッスミョン センキュインデ
いっそ その前に消えてしまいたい

　ナノ チンッチャ チョアヘッタ
俺はお前が好きだった

ミジョン　**カムサハムニダ**
ありがとう

Story

代わり映えのない田舎での毎日にうんざりしていたギジョン（イ・エル）、チャンヒ（イ・ミンギ）、ミジョン（キム・ジウォン）の３兄妹。無口で孤独な末っ子のミジョンは、唯一「クさん（ソン・ソク）」にだけは心を打ち明けることができた。

パク・ヘヨン脚本 , 私の解放日誌 , イ・ミンギ , キム・ジウォン , イ・エル出演 ,2022,JTBC

구씨 염미정!

미정 깜짝이야

구씨 이것만은 알아 둬라

나 너 진짜 좋아했다

나중에 내가 어떻게 망가져

있을지 나도 모르겠는데

아무리 봐도 서울역에

있을 거 같은데

뭐 , 그 전에 확 끝날 수

있으면 생큐인데

나 너 진짜 좋아했다

미정 감사합니다

깜짝이야
：ビックリした

알아 둬라：知っておけ

나중에：のちほど、後で

망가지다
：壊れる、だめになる

아무리＋-아／어도
：どんなに〜ても、
いくら〜でも

생큐：センキュー

名シーン22

Point

用言の語幹＋ㄹ／을 지도 모르다→ 〜するかもしれない

＊確実ではないが、起こる可能性があるという意味

★パッチム無の語幹＋ㄹ 지도 모르다(例)　비가 올지도 몰라요．雨が降るかもしれません

★パッチム有の語幹＋을 지도 모르다(例)　다 못 먹을지도몰라요．全て食べれないかもしれない

＊語幹にパッチム"ㄹ"が付いている場合は"ㄹ"が脱落し、"ㄹ 지도 모르다"がつきます

39歳 6話

ソ ルン　ア ホプ
서른 , 아홉

ソンジュ	**タンシンドゥル タ サラム アニヤ** それでも人間？
	ネ ナムピョヌル チグム 私の夫なのに…
	タンシンドゥルム ムォ ハヌン ゴンデ あなたたちは何をしてるのよ
ミジョ	**チョ…** 待って
	ッピャム ッテリミョン マジュルケヨ ぶたれてもいい
	モリチェ チャプミョン ットゥッキョ ジュルケヨ 髪を引っ張られてもいい
	ハン ボンマン 一度だけでいいから
	オヌル ハン ボンマン クニャン カ ジュセヨ 見逃してください
	コップ ソジゲッチマン もうすぐ壊れてしまう
	ハン ボヌン ッタレ ナムジャ チングエゲ たった一度でいい　娘の彼氏を
	パブル チオ ジュヌン オンマエ シガヌル チキョヤ ヘッタ もてなす母親の時間を守りたかった

Story

40代を目前にしたチャ・ミジョ（ソン・イェジン）、チョン・チャンヨン（チョン・ミド）、チャン・ジュヒ（キム・ジヒョン）の3人組は高校時代からの親友。ミジョは不倫を続けるチャンヨンを批判していたが、彼女の余命が短いことを知って…。

キム・サンホ監督,39歳,ソン・イェジン,チョン・ミド,キム・ジヒョン出演,2022,JTBC

解説

선주 당신들 다 사람 아니야

내 남편을 지금

당신들 뭐 하는 건데?

動詞の語幹＋는 건데?
：〜するつもりなの？

미조 저...

뺨 때리면 맞을게요

머리채 잡으면 뜯겨 줄게요

한 번만

오늘 한 번만 그냥 가 주세요

곧 부서지겠지만

한 번은 딸의 남자 친구에게

밥을 지어 주는 엄마의 시간을

지켜야 했다

뺨 (을) 때리다
：頬を引っぱたく

머리채 (를) 잡다
：髪の毛を掴む

뜯다
：(付いているものを)
取る、剥がす、
力を加えて取り離す

부서지다
：砕ける、粉々になる

밥 (을) 짓다
：ご飯を炊く

名シーン22選

Point

動詞・存在詞の語幹＋ㄹ/을게요 → 〜しますから/〜しますね

- -

＊相手に自分の意志を伝える表現

★パッチム無しの動詞の語幹＋ㄹ게요 (例)두통이 심해서 오늘은 먼저 잘게요. 頭痛がひどいので今日は先に寝ますね。

★パッチム有りの動詞・存在詞の語幹＋을게요 (例)우체통 앞에서 기다리고 있을게요. 郵便ポストの前で待っていますね。

＊語幹にパッチム"ㄹ"が付いている語幹は"ㄹ"が脱落しㄹ게요をつけます

愛の不時着 4話

サ ラン エ　ブル シ チャク
사랑의 불시착

セリ	**ワンジョン マシッソ** すごくおいしい
	スクチュィエン ヨクシ ハッ ドゥリンク コピ 二日酔いにはコーヒーよね
	ワ ナ ソク プルリョ 酔いが覚める
ジョンヒョク	**ソグン コンナムルグク ックリョ ヌゥッスニ クゴルロ プルゴ** 豆もやしのスープを作った
セリ	**ムォヤ チンッチャ ウェ イロケ マシッソ テバッ** 何なの？おいしすぎる
	オ リ ジョンヒョク ッシ リ・ジョンヒョクさん
	ク コ ビド クロコ ヨロモロ コマウォソ 感謝の気持ちを込めて
	ナド チュル コ イ インヌンデ 私もあげたいものがあるの
	チャムッカンマンニョ 待ってて （ジョンヒョクに向け、指ハートをするセリ）

Story

ある日、パラグライダーに乗っていた韓国の令嬢・セリ（ソン・イェジン）は突風に巻き込まれ、北朝鮮に不時着してしまう。セリはそこで北朝鮮の軍人・ジョンヒョク（ヒョンビン）と出会う。ジョンヒョクはセリを婚約者と偽って匿い、韓国に帰る手助けをすることになる。

イ・ジョンヒョ監督 , 愛の不時着 , ヒョンビン , ソン・イェジン出演 , 2019-2020, tvN

解説

세리 완전 맛있어

숙취엔 역시 핫 드링크 커피

와 , 나 속 풀려

정혁 속은 콩나물국 끓여 놨으니 그걸로 풀고

세리 뭐야 ? 진짜 왜 이렇게 맛있어 ? 대박

어 , 리정혁 씨 !

그 커피도 그렇고 여러모로 고마워서

나도 줄 거 있는데

잠깐만요

커피 : コーヒー

속 (이) 풀리다 : 気が晴れる、心が和む

끓이다 : 沸かす

動詞語幹 + 아 / 어 놓다 : 〜しておく

대박 : やばい、最高

여러모로 : いろいろな面で

Point

★動詞・存在詞の語幹＋ 는데　①〜だけど

（例）맛있는데 너무 비싸...　おいしいけど高い...

★動詞・存在詞の語幹＋ 는데　②〜のに

（例）한국에 가는데 돈이 얼마나 들어요？ 韓国に行くのにお金がどのくらいかかりますか？

＊ 語幹にパッチム " ㄹ " が付いてる場合は、" ㄹ " が脱落し 는데 をつけます

（例）서울 사는데 서울 잘 몰라요 . ソウルに住んでいるけどソウルをよく知りません

愛の不時着 12話

サ ラン エ ブル シ チャク
사랑의 불시착

ジョンヒョク	**ナ カギ シルタゴ**
	北に帰りたくない
	アン カゴ シプタゴ
	帰るのが嫌だ
	クニャン タンシニラン ヨギ イッコ シプタゴ
	こうして君とここにいたい

| セリ | **ナ スリッ ケリョ グレ** |
| | 酔いが覚めそう |

| ジョンヒョク | **オッケムン アン ドゥェヌンデ** |
| | それは困る |

セリ	**アン ッケッソヨ イェギ ヘ**
	覚めてない　続けて
	ナ チグム ノム チュィ ヘッスニッカ
	すごく酔ってるから
	ッケゴナ ミョン ハナド キオカジ モタル テニッカ
	聞いてもきっと忘れちゃうと思う
	クニャン ハゴ シプトン マルタ ヘ
	だから言いたいこと全部　言ってみて

チョルガン（オ・マンソク）がセリ（ソン・イェジン）の命を狙っていると知り、"南"へ向かったジョンヒョク（ヒョンビン）。チョルガンを取り逃したものの、「傷が治るまでどこにも行かないで」と言うセリと共に韓国でのひと時を過ごすジョンヒョクは、セリと2人きりで酒を酌み交わす。
イ・ジョンヒョ監督 , 愛の不時着 , ヒョンビン , ソン・イェジン出演 , 2019-2020, tvN

解説

정혁 나 가기 싫다고
（ジョンヒョク）（ナ カギ シルタゴ）

안 가고 싶다고
（アン カゴ シプタゴ）

그냥 당신이랑 여기 있고 싶다고
（ク ニャン タン シニ ラン ヨギ イッコ シプタゴ）

세리 나 술이 깨려 그래
（セリ）（ナ スリ ッケリョ グレ）

정혁 어？ 깨믄 안 되는데
（ジョンヒョク）（オ？ッケムン アン ドゥェヌンデ）

세리 안 깼어요 얘기해
（セリ）（アン ッケッソ ヨ イェギ ヘ）

나 지금 너무 취했으니까
（ナ チグム ノム チュイヘッス ニッカ）

깨고 나면 하나도 기억하지
（ッケゴ ナミョン ハナド キオカジ）

못할 테니까
（モ タル テ ニッカ）

그냥 하고 싶던 말 다 해
（ク ニャン ハ ゴ シプトン マル タ ヘ）

술 : 酒
（スル）

깨다 : 覚める、起きる
（ッケダ）

믄（＝면）
（ムン）（ミョン）
: 〜なら、〜たら
※ソウルの言葉に直すと、
仮定の"(으)면"に
あたる言葉
（ウ）（ミョン）

취하다 : 酔う、酔っ払う
（チュイハダ）

名シーン22選

Point

用言の語幹＋던 → ①〜していた（反復してた動作）②〜しかけてた（途中）③ だった（状態の変化）

- -

＊パッチムがあってもなくても、そのまま付ければ大丈夫です。

★動詞の語幹＋던　①〜していた、習慣だった
　（例）자주 가던 단골 가게가 문 닫았어요.　よく行ってた行きつけの店が閉まってしまいました

★動詞の語幹＋던　②〜の途中、〜のしかけてた
　（例）방금까지 쓰던 펜이 어디로 사라졌나?　さっきまで使ってたペンはどこに消えたの？

★形容詞の語幹＋던　③〜だった、〜であった
　（例）그렇게 싫던 영어가 지금은 즐거워요.　あんなに嫌いだった英語が今は楽しいです

梨泰院クラス 11話
イ テ ウォン ク ラ ッス
이태원 클라쓰

（回転した瓶の口が向いたらどんな質問にも答えるというゲームで）

イソ　**クングマン ゴイッスミョンタ ムロブッドトゥェヨ**
何かあれば遠慮なく聞いてください

セロイ　**ッタキ オムヌンデタ アルジャナ**
別にないけど

グンス　**クロム チェガ ハルケヨ**
じゃあ僕が

イソ　**ヤイッタン ゲイム チェミオプスニッカ ッパルリックンネラ**
面白くないから早く終わらせて

グンス　**ネガ チャンガ チャジハミョン ナハンテ オゲッタヌンマル**
僕が長家を継げば 付き合うって
キオケ
言ったよな

イソ　**オ キオグン ハヌンデ クンデ クゴヌン …**
うん、でもあれは…

グンス　**ウン チルムン クッ**
質問終わり　確認だ

（中略、また瓶を回して）

スングォン　**チャ サジャンニム コルリョッソ**
さあ　社長に当たった

セロイ　**ナハンテ クングマル ケ インナ**
何かあるか？

ヒョニ　**アユ オブッキン ウェ オプソ チャムッカン キダリョ ブッネガ ハルゲ**
ないわけないですよ　待ってください
チョッキス チョッキス オンジェ ヘッソヨ？
ファーストキス　ファーストキスはいつですか？

セロイ　**オムヌンデ？**
してないけど

ヒョニ　**アユ オブッタニ …**
また そんな…
…オブッタゴ？
…してない？

Story

高校中退、殺人未遂で前科持ちとなった男・セロイ（パク・ソジュン）が繁華街・梨泰院（イテウォン）で居酒屋"タンバム"をオープンさせ、個性豊かな仲間たちと共に、因縁の相手である業界一の大手飲食会社"長家"の会長と対立しつつ伸し上がっていく復讐劇。
キム・スンユン監督, 梨泰院クラス, パク・ソジュン, キム・ダミ出演, 2020, JTBC

解説

이서 **궁금한 거 있으면 다 물어봐도 돼요**

새로이 **딱히 없는데**, 다 알잖아

근수 그럼 제가 할게요

이서 야 이딴 게임 **재미없으니까** 빨리 끝내라

근수 내가 장가 **차지하면** 나한테 오겠다는 말 기억해?

이서 어, 기억은 하는데, 근데 그거는

근수 응, 질문 끝

승권 자, 사장님! **걸렸어**

새로이 나한테 궁금할 게 있나?

현이 아유, 없긴 왜 없어 잠깐 기다려 봐, 내가 할게 **첫 키스** 첫 키스 언제 했어요?

새로이 없는데?

현이 아유, **없다니**… 없다고?

궁금하다：気になる

물어보다
：尋ねてみる・聞いてみる

딱히：これといって、特に

재미있다：面白い

차지하다：占める

걸리다
：捕まる、ばれる、ひっかかる

첫키스：初キス

用言の語幹＋**다니**
：〜だとは、〜だなんて

名シーン22選

Point

動詞の語幹＋아 / 어라　→　〜しろ / 〜して

★動詞の陽母音語幹＋아라 (例)自分に素直に生きろ。　自分に正直に生きなさい

★動詞の陰母音語幹＋어라 (例)ご飯はよく噛んで食べろ。　ご飯はよく噛んで食べなさい

＊タメ口の命令形なので使う時は注意して使いましょう。

賢い医師生活 シーズン2 3話

スル ギ ロ ウン ウィ サ センフヮル
슬기로운 의사생활 2

ウジュ	**タニョオセヨ** いってらっしゃい **クェンチャナ ハル イトゥル ド アニゴ** 平気だよ いつものことだし
イクジュン	**ミアネ アッパガ ミアネ** ごめんな パパが…
ウジュ	**アニヤ アッパ ハナド アン ミアネド トゥェ** ううん パパは謝らなくて いいよ **アッパ チョウン ニル ハヌン ゴジャナ** いいことをしてるでしょ

ウジュ	**アッパド ウジュラン カチ イッコ シプンデ** パパもウジュといたいけど **ト クン ウジュルル クヘヤ ヘソ パップン ゴラ クレッソ** もっと大きな宇宙を救うの に忙しいって
イクジュン	**ヌガ？** 誰が？
ウジュ	**コモガ** 叔母さん

（ウジュの頬を撫でて）

イクジュン	**アッパッパルリ カッタ オルケ** 早く戻るね

Story

ソウル大学医学部で出会い、青春を共にしたイクジュン（チョ・ジョンソク）ら5人の同期男女は40歳になり、あることから同じ病院で働くことに。シングルファザーのイクジュンは、一人息子のウジュ（キム・ジュン）に寂しい思いをさせているのを申し訳なく思うが…。シン・ウォンホ監督, 賢い医師生活, チョ・ジョンソク , ユ・ヨンソク , チョン・ギョンホ , キム・デミョン , チョン・ミド出演 , 2021, tvN

解説

ウジュ
다녀오세요

괜찮아 , 하루 이틀도 아니고

イクジュン
미안해 , 아빠가 미안해

ウジュ
아니야 , 아빠 하나도 안 미안해도 돼
아빠 좋은 일 하는 거잖아
아빠도 우주랑 같이 있고 싶은데
더 큰 우주를 구해야 해서 바쁜 거라 그랬어

イジュ
느가 ?

ウジュ
고모가

イクジュン
아빠 빨리 갔다 올게

하루 이틀도 아니고
：今に始まったことではあるまいし

아빠：パパ、お父さん

우주：宇宙

구하다：救う

누가 ：だれが

고모：父方の伯母／叔母

名シーン22選

Point

動詞・存在詞の語幹＋아 / 어도 되다 → ～してもよい

★動詞の陽母音語幹＋아도 되다
　（例）앞 자리에 타도 돼 ?　前の席に座ってもいいですか ?
★動詞の陰母音語幹・存在詞の語幹＋어도 되다
　（例）이것 좀 먹어도 돼 ?　これちょっと食べてもいいですか ?
　＊하다を用いる語幹の場合は해도 되다になる

賢い医師生活 シーズン2 6話

スル ギ ロ ウン ウィ サ センフワル
슬기로운 의사생활 2

ジュンワン **ムォガ チュェソンヘ？**
なぜ謝る

ウルス ド イッチ
泣くことだってあるさ

ウィサヌン サラム アニニャ？
医者も人間だろう？

クェンチャナ ウロド トゥェ
泣くのは構わない

ウヌン ゴン チャヨンスロウン カムジョンイヤ
泣くのは自然な感情だ

ヌンムル ナオミョン フゥンジャ アピドゥン ポホジャ アピラド ウヌン ゴジ
涙は患者の前でも　家族の前でも出る

クジ クロン カムジョンッカジ スムギゴ チャムラゴ ハゴ シプチ アンタ ナン
無理に感情を抑えろとは言わない

クンデ クレド ハルコン ヘヤジ
ただしやることはやれ

6話 Story

インターンのイム・チャンミン（キム・ガンミン）は、自身と同じ名前で可愛がっていた小児の患者・チャンミンの危篤に際し、感情が溢れてその両親に死亡宣告ができなかった。代わりに宣告を行ったジュンワン（チョン・ギョンホ）の研究室に、チャンミンは謝りにくるのだが…。シン・ウォンホ監督, 賢い医師生活 , チョ・ジョンソク , ユ・ヨンソク , チョン・ギョンホ , キム・デミョン , チョン・ミド出演 , 2021, tvN

解説

준완 _{ムォ ガ チュェ ソン ヘ}
뭐가 죄송해 ?

_{ウル ス ド イッチ}
울 수도 있지

_{ウィ サ ヌン サ ラム ア ニ ニャ}
의사는 사람 아니냐 ?

_{クェンチャ ナ ウロド トゥェ}
괜찮아 , 울어도 돼

_{ウ ヌン ゴン チャ ヨン ス ロ ウン カム ジョン イ ヤ}
우는 건 자연스러운 감정이야

_{ヌム ムル ナ オ ミョン フゥァンジャ ア ビ ドゥン}
눈물 나오면 환자 앞이든

_{ボ ホ ジャ ア ビ ラ ド ウ ヌン ゴ ジ}
보호자 앞이라도 우는 거지

_{ク ジ ク ロン カム ジョンッカ ジ ス ム ギ ゴ}
굳이 그런 감정까지 숨기고

_{チャム ラ ゴ ハ ゴ シプ チ アン タ ナン}
참으라고 하고 싶지 않다 , 난

_{クン デ ク レ ド ハル コン ヘ ヤ ジ}
근데 그래도 할 건 해야지

_{チャ ヨン ス ロプ タ}
자연스럽다 · 自然だ

_{カム ジョン}
감정 : 感情

_{ヌ ム ムル (リ) ナ ダ}
눈물 (이) 나다
: 涙が出る

_{アプ}
앞 : 前

_{ボ ホ ジャ}
보호자 : 保護者

_{ス ム ギ ダ}
숨기다 : 隠す

名シーン22選

Point

用言の語幹＋ㄹ/을 수도 있다 → ～することもある /～でありうる

★パッチム無しの動詞・形容詞・存在詞の語幹＋ㄹ 수도 있다
　(例)우천인 경우에는 연기될 수도 있어요.　雨天のときは延期されることもあります。
★パッチム有りの動詞・形容詞・存在詞の語幹＋을 수도 있다
　(例)번역은 해봤는데 틀렸을 수도 있어요.　翻訳をしてみたけど間違ってる可能性もあります。
　＊動詞の語幹にパッチム"ㄹ"が付いている場合は"ㄹ"が脱落し、"수도 있다"がつきます
　＊「も」の意味の助詞 "도"をつけて「○○もできる」のように使われる場合もあります
　(例)체험 레슨을 받을 수도 있습니다.　体験レッスンを受けることもできます。

還魂 15話

フワノン
환혼

ムドク トリョンニムル チュクトロク チョアハンダ
ゴ ハイヌル チュギル スヤ オプッチ
主人を死ぬほど好きでも　殺されはしない

ウク クレッソ？ チュクトロク チョアハンダゴ
ヘッソ？
死ぬほど好きだと答えたのか？

ムドク ク …クァジャンハン ゴヤ フックシヌル
チュォヤ ヘッスニッカ
ええと…真実味を与えるために誇張したの
だ

チュクチ モテ ハン マリダ
死にたくなかった

ウク チュクトロク チョタヌン コベグル チュクチ
モテ チャベッケッタヌン ゴネ
死にたくなくて　死ぬほど好きだと答えた
のか

ア　イゴ ミアネソ オットカナ？
何だか申し訳ないな

ナン'チュクトロ'ギラゴ ッカジン イェギハ
ジ アナン ヌンデ
僕は「死ぬほど」まで言ってない

（中略）

ムドク オンジェ ドゥン ネダ ボリル ヨンジャンッ
タ ウィルル チュクトロク ケソカル コン オ
ブタ
たかが恋情に命を懸ける必要はない

（中略）

ウク ススンニム
師匠

チュゴド チョウミョン ポリジ アンコ ハド
ン ゴ ケソケド トゥェムニッカ？
死んでも構わなければ　師匠を想い続けて
も？

チェチャガ チュグル キョルシムル ハルッ
テン
弟子が死を覚悟するときは

ススンニムド ハムッケ ヘヤ ドゥェンダゴ
ヘッチ
師匠も死ぬ覚悟を

ナン チュゴド ケソカル コヤ
僕は命懸けてお前を想う

クロニッカ ウリム ドギド オリョブケ チャ
ベカンデロ
だからお前も　告白どおり死ぬほどお坊
ちゃまを

ケソケソ トリョンニムル チュクトロク チョ
ア ヘブッ
好きでいつづけろ

Story

大湖（テホ）国には魂を変化させる「還魂術」という魔術があった。あるとき危機に陥ったナクス（コ・ユンジョン）は盲目の女性・ムドク（チョン・ソミン）に自らの魂を移し、体はムドク、心はナクスの状態となって名家の子息・ウク（イ・ジェウク）と出会う。

パク・ジュンファ監督 , 還魂 , イ・ジェウク , チョン・ソミン , ファン・ミニョン出演 ,2022,tvN

解説

名シーン22選

무덕
도련님을 죽도록 좋아한다고 하인을
죽일 수야 없지

> 도련님
> ：お坊ちゃま、未婚の義弟
>
> 죽다：死ぬ
>
> 動詞語幹 + ㄹ / 을 수야 없다
> ：〜するわけにはいかない

욱
그랬어 ? 죽도록 좋아한다고 했어 ?

무덕
그 ... 과장한 거야 ! 확신을 줘야 했으니까
죽지 못해 한 말이다

> 과장하다：誇張する

욱
죽도록 좋다는 고백을 죽지 못해
자백했냐는 거네
아 , 이거 미안해서 어떡하나 ?
난 '죽도록' 이라고까진 얘기하지 않았는데

> 자백：自白

무덕
언제든 내다 버릴 연장 따위를 죽도록
계속할 건 없다

욱
스승님
죽어도 좋으면 버리지 않고 하던 거
계속해도 됩니까 ?
제자가 죽을 결심을 할 땐
스승님도 함께 해야된다고 했지 ?
난 죽어도 계속할거야
그러니까 우리 무덕이도 어렵게 자백한대로
계속해서 도련님을 죽도록 좋아해 봐

> 스승님：師匠、恩師
>
> 제자：弟子
>
> 動詞の語幹 + - ㄴ 대로
> ：〜したまま / した通りに

Point

動詞・存在詞 の語幹＋도록 → 〜するように / 〜するほど

＊後の内容が起こるよう意図的に示す方向や目的を表す
＊パッチムがあってもなくてもそのまま付ければ大丈夫です
(例)철저히 마스크를 쓰도록 통제하고 있어요 .
徹底的にマスクを使うよう統制しています。

INDEX

INDEX 上では、単語の先頭の濃音（「ッ」から始まる）は取り、「ッ」の次の
音を基準に掲載しています。
（例）「ッカムッチャギヤ（깜짝이야）」を調べたい場合は、INDEX 上は「カ」
行を参照してください。

ア

INDEX

INDEX

カ

INDEX

INDEX

サ

INDEX

INDEX

タ

INDEX

ナ

ハ

マ

ヤ

ラ

INDEX

イラスト　　　こつじゆい
デザイン　　　佐藤ジョウタ (iroiroinc.)／葛西 剛
企画・編集　　宇井祥子

もっと！字幕なしで韓国ドラマが見られるようになる本

2023 年　1 月 1 日 初版発行

著　者　宍戸 奈美
編集人　佐藤 広野
発行者　相澤 晃
発　行　株式会社コスミック出版
　　　　〒 154-0002
　　　　東京都世田谷区下馬 6-15-4
　　　　代表　　Tel 03-5432-7081
　　　　営業部　Tel 03-5432-7084
　　　　　　　　Fax 03-5432-7088
　　　　編集部　Tel 03-5432-7086
　　　　　　　　Fax 03-5432-7090
　　　　振替　　00110-8-611382
　　　　http://www.cosmicpub.com/

印刷・製本　中央精版印刷株式会社

ISBN 978-4-7747-9279-8 C0087